陕西省教育科学"十三五"规划 2020 年度课题

课题名称：高校体育教学中培养学生学科素养的策略研究

课题批准号：SGH20Y1460

高校体育学科核心素养与课程构建探索

马德厚 著

吉林人民出版社

图书在版编目（CIP）数据

高校体育学科核心素养与课程构建探索 / 马德厚著
. -- 长春：吉林人民出版社，2024.5
ISBN 978-7-206-20923-9

Ⅰ.①高… Ⅱ.①马… Ⅲ.①体育教学－教学研究－
高等学校 Ⅳ.① G807.4

中国国家版本馆 CIP 数据核字（2024）第 098983 号

责任编辑：刘　学
封面设计：皓　月

高校体育学科核心素养与课程构建探索
GAOXIAO TIYU XUEKE HEXIN SUYANG YU KECHENG GOUJIAN TANSUO

著　　者：马德厚
出版发行：吉林人民出版社（长春市人民大街 7548 号　邮政编码：130022）
咨询电话：0431-85378007
印　　刷：三河市嵩川印刷有限公司
开　　本：787mm×1092mm　　　　1/16
印　　张：7.75　　　　　　　　字　　数：130 千字
标准书号：ISBN　978-7-206-20923-9
版　　次：2024 年 5 月第 1 版　　印　　次：2025 年 1 月第 1 次印刷
定　　价：68.00 元

■ 前言

　　高校体育学科核心素养与课程构建是当前教育领域中备受关注的话题之一。随着社会的不断进步和发展，体育教育在高校中扮演着越来越重要的角色。体育教育不再只是运动技能的培训，更是一种综合性的素养培养，涵盖了身体健康、道德品质、团队合作、领导力等多个方面。

　　基于此，本书以"高校体育学科核心素养与课程构建探索"为题，以核心素养与学科核心素养、学科核心素养培养的必要性、体育学科核心素养及发展为切入点，首先探究高校体育学科核心素养的构建、高校体育课程教学及其数字化资源；其次围绕高校体育慕课、微课、混合式、翻转课堂等教学模式的创新应用展开论述；最后对体育学科核心素养导向下不同体育课程的构建、基于学科核心素养的体育课程及路径优化进行全面分析。

　　本书理论与实践相结合，追求理论的精练和实践应用。这一特色使读者不仅能够理解相关理论框架，还能够在实际教育环境中应用所学，将理论与实践相互融合，促进更有效的教育实践。

　　笔者在写作过程中得到了许多专家、学者的帮助和指导，在此表示诚挚的谢意。由于笔者水平有限，加之时间仓促，书中所涉及的内容难免有疏漏之处，希望各位读者多提宝贵意见，以便进一步修改，使之更加完善。

■ 目录

第一章　学科核心素养概论

第一节　核心素养与学科核心素养

一、核心素养

在教育领域，核心素养指的是学生在经历适用于其学段的教育过程中逐渐培养的不可或缺的品格和关键能力，这些品格和能力能够满足他们个人终身发展和社会进步的需求。其具体包括以下五个方面：

（一）信息素养

信息素养是指一个人在信息时代具备的一系列信息处理能力和技能，以及对信息的正确理解、评价和利用的能力。它是一个综合性的概念，涵盖了信息获取、分析、组织、传播和利用等方面的技能和知识。信息素养是现代社会人们所必需具备的一种基本素质，它有助于个人更好地适应信息爆炸时代，并有效地获取和利用信息，提高问题解决和决策能力。信息素养通常包括以下内容：

第一，信息获取。能够有效地获取各种信息资源，包括图书、网络、数据库、档案等资源。

第二，信息分析。能够对所获得的信息进行分析和评估，识别信息的可靠性、准确性和重要性。

第三，信息组织。能够有效地组织和管理大量信息，以便后续检索和使用。

第四，信息传播。能够清晰、准确地表达和传达信息，包括书面和口头表达。

第五，信息利用。能够将信息应用于解决问题、作出决策、进行研究等各种活动。

第六，信息伦理。了解信息使用的伦理原则和法律规定，遵守知识产权和隐私权等法律法规。

（二）思维素养

思维素养是指一个人在思考、解决问题、决策和创新等认知活动中所具备的一系列思维能力和技能，以及对思考过程的理解和掌握。它是一个综合性的概念，与知识、技能以及认知过程的质量和效率相关。思维素养通常包括以下内容：

第一，批判性思维。能够对信息、观点和问题进行分析和评估，提出合理的质疑，不盲从或不假思考地接收信息。

第二，创造性思维。能够独立或与他人合作提出新的观点、解决方案或创新点子，推动问题的解决和进步。

第三，逻辑思维。能够建立合乎逻辑的论证、推理和论点，使思考过程清晰、一贯和合理。

第四，问题解决能力。能够有效地识别问题、制定解决方案并采取行动，以解决个人或组织面临的挑战。

第五，决策能力。能够在面临复杂情况和不确定性因素时作出明智的决策，考虑各种因素和可能性。

第六，批判性信息素养。与信息素养相似，但强调在处理信息时的批判性思考和评估。

第七，学习素养。具备主动学习、自主探究和持续学习的能力，不断提升知识和技能。

（三）人文素养

人文素养是指一个人在人文科学领域，如文学、历史、哲学、艺术等方面具备的一系列知识、技能和意识。它强调个体对人类文化、价值观、历史、艺术、文学和道德等方面的理解和感知，以及如何将这些知识应用到生活中，促进人际交往和深度思考。人文素养通常包括以下内容：

第一，文学知识。了解文学作品、文学流派和作者，能够欣赏和分析文学作品，理解不同文学形式的含义和价值。

第二，历史意识。了解历史事件、时代背景和发展趋势，理解历史对当今社会和文化的影响。

第三，哲学思考。具备基本哲学知识，能够进行哲学思考和探讨复杂道德和伦理问题。

第四，艺术鉴赏。能够欣赏不同形式的艺术作品，包括绘画、音乐、戏剧、电影等，理解艺术对文化和情感的表达。

第五，文化多样性。理解不同文化和宗教背景，尊重多元文化，具备跨文化交流的能力。

第六，道德思考。掌握正确的道德原则和伦理价值观，能够进行道德决策和反思。

第七，创造性表达。具备一定的创造性表达能力，可以通过写作、演讲、艺术等方式表达思想和情感。

（四）专业素养

专业素养是指在特定领域内，一个个体具备的相关知识、技能、态度和道德价值观等方面的素养和修养。它不仅仅关注专业技能的掌握，还要求具备高尚的职业道德，以及适应不断变化的工作环境和情境的能力。专业素养是一个综合的概念，涵盖以下方面：

第一，专业知识和技能。个体在特定领域内所具备的专门知识和技能，包括理论知识、实践经验和工具操作等。这些知识和技能是专业素养的基础，用于有效地履行工作职责。

第二，专业道德和职业操守。专业素养包括个体在专业工作中的道德素养和职业操守。这包括遵守职业准则、维护客户和公众利益、保守机密信息等方面的道德要求。

第三，沟通和团队合作能力。专业素养还涉及个体在工作中的沟通技能和团队合作能力，要能够有效地与同事、客户和合作伙伴进行沟通协调。

第四，批判性思维和问题解决能力。在专业素养中，批判性思维和问题解决能力也非常重要。个体需要能够分析复杂问题、制定解决方案并作出明智的决策。

第五，持续学习和适应能力。专业素养也包括不断学习和适应新情境的能力。由于社会的不断发展，个体需要保持对新知识和新趋势的敏感性，并愿意不断学习和更新自己的技能。

（五）身心素养

身心素养是指一个人在身体健康和心理健康方面所具备的一系列能力、知识和技能，以及对自身身心健康的认识、管理和维护的意识。身心素养强调了身体和心灵之间的密切联系，以实现整体健康和幸福。身心素养通常包括以下内容：

第一，身体健康。包括正常的生理功能、合理的饮食、适度的锻炼、充足的睡眠和戒烟、限酒等健康生活方式。

第二，心理健康。具备情绪管理能力，能够应对压力、焦虑和抑郁等情绪困扰，拥有积极的心态和情感智慧。

第三，社交健康。具备社交技能，能够建立健康的人际关系，解决冲突和沟通问题。

第四，自我意识。了解自己的价值观、需求和潜力，能够积极发展自我认知和自我管理的能力。

第五，精神健康。在心理、情感和社会方面拥有良好状态。它不仅体现了个体内部的健康状况，同时也反映了其与周围环境的互动状况。

第六，身心平衡。能够平衡工作、休息和娱乐，不忽视身体健康，也不忽视心理健康。

第七，自我照顾。关注自己的身体和心理需求，采取积极的自我照顾措施，以确保整体健康。

二、学科核心素养

学科核心素养是指在特定学科领域中需要掌握的基本知识、技能和能力。这些素养旨在帮助学生深入了解、理解和应用特定学科的概念、原则和方法。不同学科领域具有不同的核心素养要求，因此学科核心素养因学科而异。

数学核心素养：包括数学概念（如代数、几何、统计）、数学推理和问题解决能力。学生需要能够运用这些概念来解决数学问题。

科学核心素养：涉及科学方法、实验设计、数据分析和科学概念的理解。学生需要能够进行科学实验、观察自然现象，并理解科学原理。

文学核心素养：包括文学作品的解读和分析以及文学史、文学理论等的认识和理解。学生需要能够理解文学作品的主题、结构和文学技巧。

历史核心素养：涵盖历史事件的理解、历史文献的分析和历史研究方法。学生需要能够理解历史的发展和影响。

艺术核心素养：包括视觉艺术、音乐、舞蹈和戏剧等艺术形式的理解和创造。

学生需要能够表达自己的艺术观点和创作艺术作品。

语言核心素养：涵盖语言学、语法、修辞学和跨文化沟通。学生需要能够流利地使用语言，理解不同文化的语言和交流方式。

学科核心素养培养的目标是使学生在特定学科领域内具备扎实的知识和技能，使他们能够更深入地探索该领域并解决相关问题，在职业或学术领域中取得成功。教育机构通常会制定特定学科的核心素养标准，以指导教学和评估学生的学术成就。这些标准有助于确保学生在特定学科领域内获得必要的素养，以便为他们的未来职业和学术生涯做好准备。

（一）学科核心素养强调核心素养的基础定位

从基础能力的角度来理解学科核心素养，其重点是强调核心素养的基础定位。具体表现如下：

第一，基础知识。学科核心素养培养的重点之一是掌握学科基础知识。这包括掌握学科的核心概念、原理和基本事实。例如，在化学领域，学生需要了解元素周期表、化学键的类型以及酸碱中和等基本概念。这些基础知识为深入学科的高级概念和应用提供了必要的前提。

第二，基础技能。学科核心素养还侧重培养学生的基础技能。这些技能包括问题解决、信息检索、实验设计、数据分析、论证能力等。以数学为例，学生需要掌握基本的数学计算和代数技能，以便能够应用它们解决复杂问题。

第三，基础方法。不同学科拥有特定的研究方法和分析工具。学科核心素养要求学生了解和掌握这些方法。在生物学中，这可能包括实验设计、数据收集和统计分析。学生需要知道如何设计实验、采集数据，并使用统计工具来解释结果。

第四，基础概念。学科核心素养强调对学科特有概念的理解。在物理学中，学生需要理解牛顿力学的基本原理，如牛顿三大定律，以及能量守恒定律等。这些概念是学科的基础，也是理解和应用更高级概念的关键。

第五，基础语言和沟通能力。学科核心素养还要求学生具备学科专业术语和符号系统的基本理解和运用能力。这有助于他们有效地与其他学科专业人士进行交流和沟通，以便合作解决问题。

综上所述，从基础能力的角度来理解学科核心素养，其重点在于确保学生在特定学科领域内具备坚实的基础知识、技能和方法。这些基础能力为学生提供了深入学科领域的基础，使他们能够更好地理解、应用和推进该领域的知识学习和研究。同时，这些基础能力也为学生未来的学习和职业发展奠定了坚定的基础。

（二）学科核心素养强调核心素养的学科意义

从独特贡献的角度来理解学科核心素养，其重点是强调核心素养的学科意义。具体表现如下：

第一，专业创新和发展。学科核心素养强调每个学科的独特性和价值，为学科的进步和发展做出贡献。通过深入学习和理解学科内的核心概念、方法和知识，学生可以为该学科的创新和发展提供新思路和解决方案。例如，在计算机科学领域，学生通过掌握算法设计和编程技能，能够为软件开发、数据分析和人工智能等领域的发展做出独特贡献。

第二，问题解决能力。学科核心素养强调培养学生在特定学科领域内解决问题的能力。这对于解决学科内的复杂难题和挑战至关重要。例如，在医学领域，医学生需要学习解剖学、生理学等基本知识，以便能够诊断和治疗各种健康问题，从而为患者的健康做出独特的贡献。

第三，知识传承和教育。学科核心素养培养也与知识的传承和教育有关。通过深入学习学科的核心概念和原理，学生可以成为优秀的知识传授者，传授他们的学科知识给下一代学生。这有助于保持学科的连续性和发展。例如，在历史学领域，了解历史事件的背景、趋势和发展，有利于历史学科教育者更好地讲授有关过去事件的重要教训。

第四，跨学科融合。学科核心素养强调促进跨学科合作和融合。许多复杂问题需要运用多个学科的专业知识来解决。学生具备学科核心素养可以更容易地参与跨学科团队，共同解决现实世界问题。例如，环境科学领域研究需要生物学、化学、地理学等多个学科领域的知识，以应对气候变化和环境问题。

综上所述，学科核心素养的独特贡献在于强调学科的独特性和价值，培养学生在该学科领域内解决问题、创新、传承知识、参与跨学科合作以及对社会产生积极影响的能力，促进学生在相关领域做出独特贡献。

三、培养学科核心素养的缘由

培养学科核心素养的缘由有多方面，包括教育的综合目标、应对快速变化的社会，以及满足社会需求，具体如下：

（一）教育的综合目标

教育的综合目标远不限于传授学科知识，它还着眼于培养学生的全面素质和个体发展。学科核心素养成为实现这一综合目标的不可或缺的组成部分，强调使学生在特定学科领域内获得深厚的知识和精湛的技能。这意味着不仅要求学生掌握学科内的核心概念和原理，还需要培养他们的批判性思维、解决问题的能力以及跨学科的综合素养。学科核心素养不仅仅是学科知识的传授，更是通过深入学习和实践来培养学生的创新能力、道德素养、团队合作和沟通技巧，使他们在知识社会中能够全面展现自己，积极参与社会活动，为个人成长和社会发展做出贡献。因此，学科核心素养的培养超越了狭隘的知识传递，更关注学生的多维发展，使他们具备更广泛的素质和能力，以更好地应对未来的挑战和机遇。

（二）应对快速变化的社会

现代社会，学生需要具备不断学习和适应的能力。培养学科核心素养对于帮助学生适应社会，并积极参与社会创新和发展至关重要。

培养学生学科核心素养，不仅能够使他们理解各种学科的基本原理和概念，还能够培养他们的批判性思维和解决问题能力，不断提升自己的竞争力，找到适合自己的发展机会。学科核心素养培养也有助于学生增强沟通和团队协作能力，使个体更好地适应多样化的工作环境和团队合作要求。

此外，学科核心素养培养还鼓励学生积极参与社会创新和发展。他们不只是被动的学习者，更是积极的参与者和变革的推动者。通过学科核心素养的培养，学生将更有能力提出创新的想法，解决社会问题，并参与到各种创新项目和社会发展活动中。这有助于学生的个人成长，同时也为社会的进步和繁荣做出了积极的贡献。

（三）满足社会需求

不同领域和行业在满足社会需求方面都有其独特的要求，这包括医学、工程、艺术等多个领域。培养学生的学科核心素养成为确保社会不同领域的需求得到满足的重要途径。如医学领域需要专业的医学知识，包括疾病诊断和治疗方法，以提供有效的医疗护理；工程领域则需要工程技能，如设计和建造基础设施、创新技术，以满足基础设施建设和科技发展的需求；艺术领域则强调创造力和艺术表达能力，以丰富文化生活并促进审美体验；等等。

通过培养学生的学科核心素养，学生能够更好地掌握特定领域的知识和技能，成为各个领域的专业人才。这不仅有助于推动领域内的创新和进步，还有助于推动社会的全面发展。

第二节　学科核心素养培养的必要性

一、提高综合素质

培养学科核心素养对于学生的学术和职业发展都具有重要意义。通过培养学科核心素养，学生可以在特定学科领域内获得坚实的知识、技能和能力，从而提高他们的整体素质。这一过程不仅仅是学科知识的传授，还包括了培养学生的问题解决能力、批判性思维和创新能力等多方面素质。

首先，学科核心素养的培养有助于学生在特定学科内获得深入的专业知识。这意味着学生将能够理解学科的核心概念、理论框架和方法论，从而更好地理解和应用学科知识。

其次，培养学科核心素养有助于提高学生的问题解决能力。在学科学习中，学生将面对各种复杂的问题和挑战，通过分析和解决这些问题，能够培养他们解决问题的能力，这对于他们未来的职业发展至关重要。

再次，学科核心素养还强调批判性思维的重要性，鼓励学生不仅仅接受知识，还要对其进行批判性思考，质疑信息的来源和可信度，以及评估不同观点的有效性。这将使他们更具独立思考和判断能力。

最后，学科核心素养的培养也鼓励学生具备创新能力，激发学生寻找新的解决方案，提出新的观点，并在学科领域内做出创新性的贡献。这种创新能力将有助于他们在学术和职业领域中脱颖而出。

二、促进创新和发展

学科核心素养的培养不仅有助于学生的学术和职业发展，还为科学研究和技术创新提供了坚实的基础,为国家的科技发展和经济增长做出了重要贡献。

学生通过深入学习学科核心概念和原理,能够扎实掌握学科领域的基础知识。这些基础知识是科学研究和技术创新的必要前提。

学科核心素养鼓励培养学生的批判性思维和问题解决能力。这些技能对于科学研究和技术创新至关重要。科学家需要能够审视现有的理论和研究,提出新的假设并进行实验验证。工程师和技术创新者需要克服各种技术挑战,寻找创新的解决方案。通过培养这些技能,学生能够为科学研究和技术创新提供新思路和方法。

三、增强国家竞争力

国家的竞争力与其知识经济和科技水平密切相关,而培养具备学科核心素养的学生对于提升国家的科技水平和创新能力具有关键作用。

首先,培养学生学科核心素养有助于他们在特定领域内具备扎实的专业知识和技能。这些知识和技能使他们能够参与和推动前沿科研项目,应对国家面临的各种挑战,从而提高了国家的科技水平。

其次,培养学生学科核心素养有助于使学生具备出色的问题解决和创新能力,成为能够独立思考、审视问题并提出创新性解决方案的专业人才。这种创新能力对于国家的科技创新和技术发展至关重要,可以推动产业的进步和经济的增长。

最后,培养学生学科核心素养还有助于国家的科技研究合作和国际竞争。他们可以与国际同行合作,分享知识和经验,推动国际间的科研合作项目。这种国际化的合作有助于国家在全球科技舞台上获得更大的声誉和更高的地位。

第三节 体育学科核心素养及发展

体育学科核心素养是指在体育学科学习和实践中,学生应该具备的关键能力和知识。这些核心素养有助于培养学生的体育知识、体育技能并获得身心健康,以便他们能够在体育领域取得成功并终身受益。

一、体育学科核心素养的重要性

（一）提高体育教育的质量

体育学科核心素养的重要性体现在其能够显著提高体育教育的质量。通过关注核心素养的培养，教育者能够更精确地规划和设计体育课程，确保学生获得全面的教育。具体如下：

1. 有针对性的教学

核心素养明确定义学科中必备的关键能力和知识，教育者可以依据定义，有针对性地设计教材和课程，确保学生在学习过程中不会遗漏重要的知识和技能。这有助于提高学生的学术成绩和技能水平。

2. 评估和反馈

核心素养的培养需要有效的评估和反馈机制。通过为学生提供明确的目标和标准，教育者可以更准确地评估他们的发展，以便及时提供反馈和帮助。这种个性化的评估有助于学生更好地理解自己的优势和不足，从而改进学习方法。

3. 教育资源的优化

教育资源的有限性是体育教育领域的普遍问题。通过关注核心素养，学校和教育机构可以更有效地配置资源，确保教育资金和设备的最佳利用。这将有助于提高学校体育教育的质量，让更多学生受益。

（二）培养综合素质

除了提高体育教育的质量，体育学科核心素养还在培养学生的综合素质方面发挥着关键作用。具体体现在以下方面：

1. 领导力发展

核心素养强调领导力的培养，学生在体育课堂和运动团队中有机会发展领导技能。这些技能包括领导小组、激励队员、制定战略和解决问题。这不仅有助于他们在体育领域脱颖而出，还在学生个人发展中具有广泛的应用。

2. 协作与团队合作

体育项目常常要求学生在团队中合作。通过参与团队体育，可以培养学生的协作和团队合作能力，这些能力在工作和社交环境中同样重要。学会在不同角色和背景下与他人合作，有助于建立强大的人际技能。

3. 伦理与价值观

体育学科核心素养还强调伦理和价值观的培养。学生通过体育可以了解竞争和公平竞赛的概念，以及尊重和团队合作的重要性。这将有助于他们在社会中成为有道德和负责任的公民。

总之，体育学科核心素养的重要性不仅在于提高体育教育的质量，还在于培养学生的综合素质，使他们能够更好地适应未来的机遇和挑战。通过注重核心素养的培养，我们可以为学生提供更丰富和有意义的教育体验，帮助他们在多个领域取得成功。

二、体育学科核心素养的发展

体育学科核心素养的发展趋势反映了不断变化的教育和社会需求，为未来的体育教育提供了新的方向。具体如下：

（一）科技整合

随着科技的快速发展，体育教育的未来将更加数字化。数字技术和虚拟现实技术将成为体育教育的有力工具。这一趋势不仅将丰富学生的学习体验，还将加速核心素养的培养。学生可以通过在线学习平台获得及时反馈和个性化建议，帮助他们更好地理解和掌握体育技能。虚拟现实技术可以模拟真实比赛和锻炼场景，使学生能够在安全的环境中练习和改进他们的技能。这种互动性和个性化的学习方式有助于激发学生的学习兴趣，使他们更积极地参与体育教育，从而更好地发展体育学科核心素养。这也反映了体育教育在适应现代学习方式和科技趋势方面的不断努力，以更好地满足学生的需求。

（二）数据驱动的教育

数据分析和评估在未来的体育教育中将扮演更为重要的角色。这将不仅成为一种常规实践，而且还将成为体育教育的关键驱动因素。通过收集学生的表现数据，如体能测试、技能评估、参与度、学业成绩等，教育者可以建立更全面的学生档案。这些数据将有助于个性化教学的实施，因为教育者可以更精确地了解每个学生的需求和潜力。

数据分析还可以帮助教育者评估课程的效果。通过分析学生的表现数据，教育者可以识别出哪些方面需要改进和调整，以更好地提高核心素养的培养效果。这种循环反馈机制将推动体育教育不断优化，以更好地满足学生的需求和培养他们的核心素养。此外，数据分析也有助于学生自我评估和目标设定。学生可以更清晰地了解他们的表现，识别出自己的强项和薄弱点，从而更有针对性地制定学习计划和目标。这有助于激发学生的自主学习动力，使他们更积极地参与体育教育，提高核心素养的发展效果。

（三）环境教育

体育学科核心素养与环境和可持续性教育的更紧密联系，将使体育教育在塑造未来社会中的积极环保领袖和可持续发展的倡导者方面发挥关键作用。学生将逐渐认识到，体育活动不仅仅是锻炼身体和竞技竞赛，还涉及与环境的密切互动。在这一趋势的引导下，学生将：

第一，了解环境影响。他们将深入了解体育场馆的能源消耗、水资源利用、废物管理以及生态系统的保护等方面对环境的影响。这种认识有助于引导他们积极参与环保行动，减少浪费，降低碳足迹。

第二，推动可持续实践。学生将积极参与推动可持续实践，如鼓励共享交通工具前往体育场馆，节约能源和水资源，倡导废物回收和再利用。这些实践有助于降低体育活动对环境的负面影响，同时培养学生健康的生活方式。

第三，实践中学习。学生将积极参与实地环保项目，如清理公共运动场地、植树造林、推广可再生能源等。这些实际体验将使他们更深刻地了解可持续性原则，将环保意识转化为切实的环保行动。

第二章　高校体育学科核心素养的构建

第一节　高校体育学科核心素养的构建机制

机制是指各要素之间的结构关系和运行方式，而体育学科核心素养的构建机制则是指如果要形成该学科的核心素养，应该要考虑的、与各类要素之间的关系和相应的运作原理。在构建体育学科核心素养的过程中，应主要从学校体育课程在人类全生命周期中应发挥什么作用、体育学科到底应该培养什么样的人、核心素养体系形成的内在逻辑链等几个问题出发分析其构建机制。

一、体育课程在人类全生命周期中的作用

全生命周期通常用于描述某个产品、项目或系统的整个生命周期，包括规划、设计、开发、测试、部署、维护和最终退役等阶段。这个概念强调了在整个生命周期内考虑事物的各个方面，而不仅仅是关注其创建或开发阶段。在不同领域中，全生命周期可能有不同的含义，具体如下：

第一，产品生命周期。产品生命周期管理（PLM）是一种方法，旨在管理产品从概念阶段到退市的整个过程，包括设计、生产、市场推广、销售和维护。

第二，项目生命周期。项目管理通常包括项目的规划、执行和收尾阶段，以确保项目按计划完成，并在项目交付后提供支持。

第三，软件开发生命周期。软件开发生命周期（SDLC）包括需求分析、设计、编码、测试、部署和维护等阶段，以确保开发的软件质量和可维护性。

全生命周期强调了可持续性和全面性，鼓励在决策和规划过程中综合考虑各个阶段的因素，以最大限度地减少资源浪费和环境影响，同时提供可持续的解决方案。

体育课程在人类全生命周期成长中也扮演着重要的角色。它不仅对身体健康

和体能发展有益，还对全面的个体成长和社会互动产生积极影响。在早期教育中，体育活动有助于儿童的身体协调和运动技能的发展。通过参与体育活动，孩子们学会了分享、竞争和团队合作等重要概念。这不仅有益于他们的身体健康，还有助于发展他们的社交技能和情感智力。

随着年龄的增长，体育课程可以在中小学阶段继续培养学生的团队精神、领导能力和自律性。体育活动也有助于减轻学生的学业压力，提高学生的学习效率，促进精神健康。此外，体育教育还可以培养学生的道德和伦理价值观，为他们未来的社交互动打下坚实基础。在学生成年后，体育教育继续发挥着重要作用。它有助于人们维持健康的生活方式，减少慢性疾病的风险。此外，体育活动也可以作为一种社交媒介，促进社会互动和建立社交联系。无论是参加运动比赛、参加健身课程，还是与他人一起锻炼，体育都有助于改善生活质量，提高生活满意度。

二、体育学科到底应该培养什么样的人

立德树人由"立德"和"树人"两词合并而成，其基本内涵大致可以分为立德与树人两个层次，"立德"为确立品德、树立德业，"树人"为培植成长、培养成才。立德是为了树人，树人需要立德，通过立德方能实现更高层次上的树人。立德树人是中华民族和人类教育理想的共同追求，是中国共产党对人民教育事业的一贯主张，是 21 世纪中国教育事业的崇高历史使命。而把立德树人作为教育的根本任务，充分体现了党和人民对教育的殷切期望，集中反映了中国特色社会主义教育理论与时俱进的创新性。

实际上，立德树人主要涉及两个问题，即"培养什么样的人"和"如何培养人"。对前一个问题的回答，即意味着各个学科要非常清晰地知道本学科培养的人"应该长什么样"，而对后一个问题的回答则意味着基于"所要培养的人才的模样"探索有效的培养路径。通过构建体育学科核心素养，能够真实地回答体育学科应该"培养什么样的人"的本质问题。

在"立德树人"的理念引导下，通过构建体育学科核心素养，实实在在地提供了体育学科课程的"育人画像"，即将党的教育方针进行了具体化表征，将领域化的教育目标转化为具象的个体发展目标，明确了在体育领域社会主义建设者和接班人的基本特征。这一"画像"为学生对自己接受体育课程学习之后的成长

提供了参照，为体育教师开展体育课程教学应达成的目标性结果提供了参考，为社会各界消除对体育课程的误解与偏见并正确理解体育课程对人的发展的多维价值提供了逻辑指引。

三、遵循核心素养体系形成的内在逻辑链

体育学科核心素养是学生发展核心素养的学科化与具体化。也就是说，体育与健康和语文、数学等其他学科的核心素养一起，共同为培养学生的核心素养贡献出本学科独有的贡献。

首先，在素养层面，素养是指个体在宏观层面应该具备的观念、能力和品格等。一个人需要具备很多种不同类型的素养。但在众多的素养中，有的素养是相对而言更加重要的、基础的、关键的，如果缺少了这类素养，个体将无法顺利地完成某些任务，这类素养可以称之为核心素养。与之相对应，有些素养是否具备并不影响个体的生存和发展，因此可称之为非核心素养。但是，个体所具备的核心素养虽然有很多共性，但同时也因为职业等方面的差异存在很大的差异性。比如，对于科研工作者而言，敏锐的问题意识、流畅的文字表达能力和深邃的思考能力是基本的核心素养，但这些对于一个在公司从事销售的工作人员而言并不一定是必备素养，即不一定是销售员的核心素养。相反，对于一个公司销售人员而言，良好的口头表达能力、卓越的沟通交流能力和对顾客的细致服务能力是其在职场岗位上获得有效竞争力的基础，这类素养毫无疑问是他们的核心素养，但却不一定是科研工作者应该具备的核心素养。

其次，在核心素养层面，虽然核心素养是指个体应该具备的那些关键的、主要的观念、能力和品格，但人的一生要跨越几十年，在全生命周期中的不同阶段所需要具备的核心素养差别很大。换言之，在幼儿阶段、少年阶段、青年阶段、中年阶段、成年阶段和老年阶段，由于个体的身心发展、人生阅历、学习或动作需求、角色担当等存在很大差异，对核心素养的要求并不一样。基于此，在人的一生的发展过程中，在学校接受教育时段内所形成的核心素养即为学生发展核心素养，但在学生发展核心素养之前和之后，还有相应的幼儿发展核心素养、成年人发展核心素养和老年人发展核心素养等，这些针对不同阶段的核心素养共同构成了人类的全生命周期核心素养体系。

最后，在学科核心素养层面，需要将学生发展核心素养学科化，从而形成不同学科的核心素养，这些不同学科的核心素养通过发挥本学科独特的育人价值，从而共同为学生形成核心素养做出贡献。因此，基于学科的差异形成了很多不同学科的核心素养，如语文学科核心素养、数学学科核心素养、英语学科核心素养、化学学科核心素养、美术学科核心素养、音乐学科核心素养、体育学科核心素养等。需要指出的是，不同学科的核心素养纵然有共性之处，但更多是依据本学科而形成的独特学习结果，因此具有唯一性和排他性。比如，体育学科对人的运动能力的培养是其他学科无法完成的，而语文学科对人的古文言文阅读素养的培养也是其他学科无法完成的。正是因为这种学科的独特性，从而彰显了学科核心素养存在的可能性和必要性。

第二节　高校体育学科核心素养的构建思路

体育学科核心素养的构建思路是研究、分析和形成体育学科核心素养的基本操作指向，思路是否全面和科学在很大程度上决定着所构建的体育学科核心素养是否被社会所接纳和认同。总体而言，我国体育学科核心素养的构建，既考虑到了理论指导，又考虑到了实践需求；既考虑到了历史经验，又考虑到了现实问题；既考虑到了宏观层面的顶层设计，又考虑到了中观和微观层面的操作路径；既考虑到了学生体育学习的内在发展规律，又考虑到了体育学科本身的特点。总之，我国体育学科核心素养的构建是一个科学、民主和反复的过程，是一个集思广益的集体结晶。

一、探寻体育学科核心素养的理论基础

理论在事物发展过程起着重要的指导作用，在体育学科核心素养构建的过程中，不仅要依靠经验的总结，而且更要高度重视理论基础的作用。

（一）体育哲学和体育社会学的理论基础

体育学科核心素养的构建需要基于体育哲学和体育社会学的基本理论。体育

哲学是研究体育的本质、价值和意义的学科分支。它探索体育的基本概念、道德价值、人类自由发展和幸福的关系等核心问题。体育哲学的理论基础对于培养学生的思辨能力和社会责任感具有重要意义。

首先，体育哲学的研究使学生能够理解体育的本质。通过探索体育的本质特征和意义，学生能够深入思考体育活动的意义和价值，从而更好地把握体育学科的核心问题。体育哲学的基本理论还能引导学生认识到体育的人文意义和社会功能，帮助他们认识到体育在人类发展和社会进步中的重要地位。

其次，体育社会学是研究体育在社会中的作用和影响的学科领域。它探索体育与社会、文化、政治、经济等方面的相互关系，分析体育现象对社会的影响和反响。体育社会学的理论基础对于培养学生的社会责任感和社会意识非常关键。

通过学习体育社会学的理论，学生能够了解体育在社会中的多种作用，如促进社交互动、建立社会认同、塑造身体形象等。此外，学生还能理解体育领域的社会性问题，如体育公平性、体育产业的商业化趋势等，从而培养学生对这些问题的关注和思考能力。

（二）运动生理学和运动心理学的理论基础

体育学科的核心素养应包含对运动生理学和运动心理学基本理论的理解和应用。这两门学科对于学生学习体育科学及其实践至关重要。运动生理学研究人体在运动中的生理变化和适应机制，对于掌握运动训练和健康管理的基本原理具有重要意义。理解运动生理学的理论可以帮助学生掌握人体运动的生理过程和机制，如有氧运动和无氧运动的区别、乳酸代谢等。这些知识是探索身体适应运动的生理基础，对于学生理解和应用现代体育训练科学非常关键。此外，运动生理学在健康管理中也有着广泛应用，通过掌握运动生理学的相关知识，学生能够制订科学、合理的健身计划，提高身体素质健康水平。

运动心理学则研究运动对心理状态和行为的影响，对于学生在体育训练和比赛中的心理素质的培养与塑造非常关键。通过学习运动心理学的理论，学生能够理解体育运动对人体心理状态的影响，如身体姿态对情绪的影响、合作和竞争等。运动心理学的应用可以帮助学生改善情绪，调整自己的心理状态，提升自信心和耐力，以获得更好的体育成绩。

综上所述，体育学科的核心素养中，掌握运动生理学和运动心理学的基本理论是非常必要的。通过运动生理学学习，学生可以了解人体对体育运动的生理反应，为科学恰当的体育训练和健康管理提供可靠的理论基础。同时，运动心理学的学习同样重要，作为体育运动中的一个重要因素，学生需要掌握运动心理学的相关理论和技巧，以使其在体育活动中心态更加平静、专注，提高其比赛成绩和训练效果。有了这些知识和技能的支持，学生才能更好地理解体育活动及其与健康的紧密联系，培养健康的生活方式。

二、了解体育学科核心素养的国际经验

构建有中国特色、中国风格和中国气派的体育学科核心素养，既要深挖中国体育课程改革的实际需要，同时也要保持开放包容的心态，学习国际上体育学科核心素养构建的先进经验。西方发达国家在教育现代化改革和体育课程改革方面比我国起步早，相对而言积累了较为丰富的经验，这对于我国而言是可以考虑和借鉴的，从而实现我国在体育学科核心素养方面的"快速超车"。

三、遵循学生全面健康发展的内在规律

作为面向学生的体育学科核心素养，其构成必须要符合学生全面健康发展的内在规律，如果核心素养要求与学生的身心发展不匹配，就不会对学生的体育学习产生实际指导作用。身体的发展是指机体正常发育和体质的增强，其中机体发育正常使体质增强，而体质的增强又有助于机体的正常发育，两者互为作用；心理的发展是指认识能力和个性特征的发展。其中，认识包括感觉、知觉、记忆、思维等；个性包括需要、兴趣、情感、意志等，两者密不可分。认识的发展可以促进人的个性的形成与发展；而个性的发展又促使人在实践活动中加深自己的认识。

众所周知，每个年龄段的学生都有各自的身心发展特点，在体育与健康教学中，教师能否根据特定年龄段学生身体、心理等方面表现出的特点进行教学设计，对能否促进学生健康发展有着至关重要的影响。比如，与小学阶段相比，中学阶段的学生正值青春发育期，其身体、心理等发展方面都较小学阶段的学生有了更大的变化。为此，体育教师在教学过程中，就有必要了解不同学段学生在身体、心理方面表现出的特点，有针对性地实施体育与健康教育，以促进学生身心健康

发展。但前提是体育教师要知道不同身心发展阶段学生的体育学科核心素养有什么要求，才能在此基础上开展相应的教学设计与教学实施。

不同年龄段学生的身心发展规律存在很大的区别，体现在神经系统、运动系统、内分泌系统和生殖系统、氧运输系统、供能系统、认知水平、情感和意志、个性与社会性的发展等方面。比如，以情感发展为例，小学低年级学生时常表现出学前儿童那种容易冲动、外露、可控性比较差的情感特点，其情感带有很大的情境性，容易受具体事物、具体情境的支配，并且其喜、怒、哀、乐会明显地表露出来。总体而言，小学生的情感内容会随着年龄的增大而日益丰富和深化；初中生的情感特点表现为情绪高亢，充满热情和激情，活泼向上。情感活动两极性明显，表现强烈、转化迅速。情感社会性变得越来越深刻，道德感、理智感、美感的内容与水平日益丰富和提高。情绪活动比较外露，随着年龄的增长会变得越来越复杂而且隐蔽；高中生的情绪表现更为丰富，情绪的变化幅度大，而且不稳定。此外，高中生个人的生理和心理需求与社会规范要求以及个人自我约束机制也会出现冲突，这容易导致他们情绪不稳定；大学生的情绪表现是多种多样的，受到学业、社交、职业前景等因素的影响，他们可能会表现出兴奋、焦虑、忧虑、孤独、愤怒、幸福、沮丧等不同情绪。这些情感正常而常见，但如果出现持续的负面情绪或情感问题，学生应该主动寻求心理健康支持，以确保他们的心理健康和幸福。

以上学生在不同阶段的身心发展特点，不仅存在年龄差异，而且也体现出学科差异，即不同的身心发展特点对不同学科的影响并不一样，而体育学科的特点又与其他学科有很大差别，这便决定了对学生体育学习的期望值不仅存在年龄段差异，也存在学科差异。总之，学生的身心发展规律，为体育学科核心素养的构建提供了身心发展的依据，从而使得所构建的体育学科核心素养能够最大限度地符合学生的身心需求。

第三节　高校体育学科核心素养的构建维度

一、运动能力是形成健康行为和体育品德的基础

（一）体育的身体练习特性决定了运动能力的基础性

身体练习对于运动能力的提高具有重要作用，具体如下：

第一，肌肉力量。肌肉力量是执行各种运动活动的关键要素。强大的肌肉力量可以增加爆发力、耐力和运动技能的表现。通过定期进行重力训练和体能训练，可以提高肌肉力量。

第二，身体灵活性。灵活性是身体关节的可活动范围，对于许多体育活动至关重要。拥有较好的身体灵活性可以减少受伤风险，提高动作的流畅性和效率。伸展和瑜伽练习可以改善身体的灵活性。

第三，快速反应能力。许多体育活动要求迅速作出决策和反应，这对运动能力至关重要。通过进行敏捷性训练和认知训练，可以提高快速反应能力。

第四，心肺耐力。心肺耐力是指心脏和肺部在长时间内提供足够氧气给身体组织的能力。它对于长时间的有氧运动如跑步、游泳和自行车骑行等非常重要。

第五，协调性。协调性是施展复杂动作和技能所需的关键因素。通过练习和重复学习技能，可以提高协调性。

第六，核心稳定性。核心稳定性是指躯干部位的肌肉群协同工作以维持身体平衡和稳定性的能力。它对于许多运动如瑜伽、潜水和击剑等都非常重要。

（二）运动能力是其他核心素养培育的基本载体

运动不仅仅是锻炼身体的手段，还有助于培养和发展一系列与生活和职业发展相关的核心素养。主要培育方式如下：

第一，团队合作与沟通。许多体育活动要求团队合作，参与者需要学会与队友合作、协调动作和有效沟通。这些技能在职业和社交生活中同样重要。

第二，领导与领导力。在一些体育活动中，运动员可能担任领袖或队长的角

色，这有助于培养领导力。领导力对于职业发展和社区参与非常重要。

第三，决策与解决问题。在比赛和训练过程中，运动员需要迅速作出决策和解决问题。这有助于培养决策能力和问题解决能力。

第四，精神集中与冷静应对。在压力下表现良好是运动中的一项关键技能，同时也对其他领域非常有用，如职场和考试。

第五，时间管理与目标设定。运动训练需要有效的时间管理和目标设定，这些技能在学业和职业发展中同样有重要价值。

二、健康行为是发展运动能力和体育品德的核心

（一）健康行为养成提升运动能力核心素养价值

学生在参与体育与健康课程的学习过程中，不仅要提高运动能力，而且更重要的是养成健康的生活习惯。此外，与专注于提升竞技运动水平的课程不同，体育与健康学习旨在促进学生的全面健康成长，而非追求高水平竞技成绩。但是，如果体育教师将学生体育与健康学习的目标仅仅定位在提高运动能力上，这将是过于狭隘和缺乏综合性的教育观念。

通过养成健康的生活方式，可以进一步提高运动能力的核心素养水平。运动能力的核心素养是全面素养的一个重要组成部分，它不仅是一个基础，还是一个媒介。只有在基础运动能力之上养成健康的行为素养，才能真正体会到体育课程对个体全面发展的独特价值。

（二）健康行为养成为体育品德奠定基础

品德即道德品质，是指个体依据一定的社会道德准则和规范行动时，对社会、他人和周围事物所表现出来的稳定的行为特征或倾向。体育品德指的是人们在体育活动中表现出来的道德品质，是体育活动的重要组成部分。通过体育活动可以培养学生优秀的道德品质，在体育运动中培养良好道德品质对良好社会道德观念和行为规范的形成也会起到积极的促进作用。从体育品德的特点可以看出，该核心素养更多是精神和观念层面的表现，这与健康行为能够实实在在被感知的特点相比，体育品德具有隐晦性。正是体育品德的这种特性，决定了体育品德必须要以实实在在的运动能力和健康行为为依托，尤其是健康行为起着非常重要的基础作用。

第四节 高校体育学科核心素养的构建模式

体育学科核心素养坚持以"健康第一"为指导思想，达到强健学生体魄、促进学生全面发展的目标，弥补了传统体育课堂教学存在的问题和不足。为此，从体育学科核心素养视角出发，应用"3+X"教学模式，可以推动体育课堂教学模式的创新。

一、"3+X"教学模式

"3+X"教学模式指在体育课堂上以田径运动中跑、跳和投掷项目为三大核心，并提出 X 个自选项目供学生进行自主选择，学生根据自己感兴趣的项目灵活选择内容，如乒乓球、体操、武术、游泳、篮球、排球和足球等多元的自选项目，满足学生的个性化学习需求，从而使学生主动参与体育实践，实现学科核心素养的提升。

（一）"3+X"教学模式的重要价值

1. 改善重运动能力、轻健康行为和体育品德的情况

传统体育课堂教学实践将重点放在改善学生运动能力之上，轻健康行为和体育品德的养成，导致体育教学的核心功能受到了冲击和影响。"3+X"教学模式的提出，充分响应了体育学科核心素养的基本要求。"3+X"教学模式既满足了学生对体育课堂的兴趣需求，又可以在基础锻炼实践中使学生掌握体育运动技能，凸显了体育课堂以人为本的基本要求。这种梯度式的教学设计，符合学生的身心健康成长需要。可见，体育学科核心素养目标与"3+X"教学模式目标一致，可以改善和解决传统体育课堂的教学难题，为学生的健康成长提供服务和支持。

2. 尊重学生个体差异化成长

从尊重学生个体差异的视角出发，打造基于学科核心素养下的"3+X"教学模式，使体育学科素养的核心功能与价值得以展现。在"3+X"教学模式下，体育课堂不单单以跑、跳和投掷等运动项目为主，更是将内容延伸到学生个体差异

方面，为学生提供更多的自主选择体育运动项目的空间，使学生的成长环境和成长空间被释放，让学生的体育学习环境得到进一步拓展。

3. 协调课堂、教师、学生三者的矛盾

在传统体育课堂教学环境中，课堂、教师和学生之间存在一定的矛盾，如教师提供的课堂教学内容无法满足学生的个性化需要，导致体育课堂教学的质量大打折扣，且教师对学生的个体差异关注度不足，体育教学内容同质化的情况普遍存在，导致学生的体育学习体验感下降。从这一点看，基于体育学科核心素养下的"3+X"教学模式的提出，有效协调了课堂、教师和学生三者之间的关系，提供了新的体育课堂教学模式，要求体育教师延展体育教学内容，形成体育教学新方案。

（二）"3+X"教学模式的构建策略

"3+X"教学模式的应用优势明显，打破了体育传统教学模式的限制，也使学生的个性化成长空间得以激活。为保证体育学科核心素养得到落实，体育教师需要做好体育学科核心素养下的"3+X"教学模式的合理安排，为广大学生的健康成长服务。

1. 搭建体育课程基本框架

体育课程的重要性是不言而喻的。然而，为了持续地充分挖掘体育课程的内在价值，就需要构建一种全新的教学框架。"3+X"教学模式打破了传统体育教学模式的束缚，使体育教学内容得以延伸至多元的体育项目中。这一新的教学模式明确定义了体育学科核心素养的要素，其中包括运动能力、健康行为以及体育品德要素。

从构建体育课程的基本框架来看，学科核心素养的培养一直处于核心地位，必须灵活地进行体育课程的横向和纵向整合，以确保学生得到全面的发展和教育。

2. 初步建立"3+X"教学模式

首先，体育教师要充分肯定"3+X"教学模式的价值，愿意针对学生的基本特点做好教学模式的重新筛选与分析，保证教学模式符合学生的学情和特点，做好精准分层，从而为"3+X"教学模式的构建提供支撑。

其次，确定"3+X"教学模式的基本流程和框架，更好地服务体育课堂的展开。初步确定基于体育学科核心素养的"3+X"教学模式流程包括前测引导、前测反馈、课程设置、学生选课、分项学生名单、分项测试、分层学生名单、行课、后测反馈。

最后，建立体育课堂"3+X"教学模式保障机制。为了确保"3+X"教学模式在体育课堂顺利实施，还需要建立保障机制，包括保障策略、机制检测、组织保障策略以及评价策略，基础保障框架建立和形成的关键点是"3+X"教学模式的应用的基础保障。

3. 明确"3+X"教学模式实施流程

（1）基于体育学科核心素养的"3+X"教学模式，赋予学生更多自主选择的权利。学生可以根据个人需求和学习特点自由选择体育项目，不再受限于传统的单一体育项目学习。因此，在这个阶段需要协调和提供多元的体育内容。基础课程主要包括田径项目，如跑、跳和投掷类项目，这些内容相对稳定并能显著提高锻炼效果。同时，以体育学科基础课程为核心，增加如乒乓球、篮球、武术、体操、排球、足球以及新兴体育项目等，以满足学生的个性化锻炼需求，让他们自主选择适合自己的项目。

（2）基于体育学科核心素养的"3+X"教学模式，学生完成选项后进入体育课堂分班阶段。由于基础体育项目内容相对固定，学生的选项结果将决定分班，并根据他们的特点进行分层合班，形成基于体育学科核心素养的特色班级，以支持后续的体育课堂教学实践。

（3）基于体育学科核心素养的"3+X"教学模式实施后，进入了走班教学阶段。这一阶段需要为不同的班级分配适合的教师，确保他们获得更有针对性的教学，激发学生的体育学习积极性。

4. 确定"3+X"教学的基本形式

作为一种新的教学模式，"3+X"教学模式以体育学科核心素养为基础。为了更详细地阐释"3+X"教学模式的特点，对其基本形式进行分析，可以总结如下：

（1）分项分层走班。该模式基于"X"体育选项的内容，将学生分成不同的班级，采用分层走班的方式进行教学。这种分层教学有助于满足不同学生的需求，使教学更具针对性，提高学习效果。

（2）同级多班并行。以"X"项目为核心，多个班级同时进行体育教学，采用并行授课的方式。这种方法可以提高"X"选项课程的教学效率，确保更多学生能够获得所需的教育资源。

（3）基础与专项分段教学。通过合理划分，将学生分为不同的学习阶段，包括基础课程和专项课程。这有助于确保学生在不同阶段都能够获得良好的体育学习体验。

5. 构建"3+X"教学模式评价体系

在培养体育学科核心素养的大目标下，"3+X"教学模式为最大限度地释放体育课堂的潜在价值提供了机会，为学生创造了更广阔的体育学习空间。由于"X"项目的开放性，学校可以根据自身情况灵活选择开设的内容，从而凸显体育与健康教育的价值。这一革新需要在两个关键方面进行深思熟虑，具体如下：

（1）对"3+X"教学模式的实施过程进行理性思考。这种现代教学模式要确保其整个流程合理，细节得到准确分析和评估，以确保实现相关成果。通过深入思考和精准评价，可以不断优化这一模式的实施，使其更加高效。

（2）对"3+X"教学模式下的学生进行全面评价。为了了解学生在这种模式下的成长情况，可以采用多种评估方法了解学生的学习体验。如采用综合的"结果＋过程"评价模式，以评估结果推动体育课堂教学的创新与发展。这种评价方式有助于更好地理解学生的需求，为他们提供更好的支持和指导。

二、SPOC 课程教学模式

（一）SPOC 课程教学模式的研究意义

1. 理论意义

将SPOC课程应用到体育学科核心素养的培养中，能够促进教师提高自身的信息素养，深化教学方式和教学手段改革，改变学生学习方式。同时为SPOC课程应用于培养体育学科核心素养的教学理论研究提供有效案例。

2. 实际意义

有别于传统课堂，在SPOC课程教学过程中教师的教学方法与学生的学习方法都发生了改变，由原来的"先教后学"到"先学后教"，大大提高了学生的自主学习能力；由"灌输式"到"探索式"，激发了学生学习兴趣；由课上"多讲少练"到"少讲多练"，保证了学生在课上就能正确掌握所学运动技能的难点和重点，通过课上的不断练习培养学生坚毅的体育品格。

（二）SPOC 课程教学模式的运用成效

SPOC 课程教学模式的运用有助于学生掌握运动技能和培养健康习惯。通过限制性准入，学生更加珍惜学习机会，有助于提高学习积极性，从而更快地掌握运动技能。在线上线下混合教学过程中，学生可以通过线上学习初步掌握一些难点和重点，同时暴露问题。教师可以利用大数据平台分析，准确把握学生学习的难点和问题，使课堂教学更加高效。在课堂上，教师可以重点讲解预习中的难点和问题，然后将更多时间用于学生分组练习，同时更好地纠正个别学生的错误，实现因材施教，从而提高学习效率。学生在课堂上完全掌握了技能的难点后，也更愿意在课下选择该项目进行身体锻炼，养成自主锻炼的习惯。

SPOC 课程教学模式的运用为体育品德和情感的传播创造了条件。在课前预习阶段，学生可以自主学习与运动项目相关的文化历史、名人故事等，从而激发他们对该运动的兴趣。

SPOC 课程教学模式的运用为体育知识和技能的传播创造了更好的机会。在课堂中，教师可以指出学生的错误，并解释这些错误可能对身体造成的伤害以及应该如何处理。教师还可以在课后上传有关易犯错误和错误动作改正方法的资料，帮助学生减少错误次数，促进学生健康行为的养成。

第三章　高校体育课程教学及其数字化资源

第一节　高校体育课程教学方法及发展

"随着高校教育现代化进程的不断推进，学生综合素质的重要性逐渐突出。体育相较其他学科，对于提升学生综合素质有更多的途径和方法，在体育教学过程中，应当选择高效科学的教学方法。"[①]

一、高校体育课程教学方法的本质与作用

（一）高校体育课程教学方法的本质属性

体育课程教学方法是由一系列行为组成的一个操作系统，具体包含了教师和学生两个层面的操作体系，可以从以下方面来对体育课程教学方法进行理解：

第一，体育课程教学方法是师生动作和行为的总和。体育课程教学方法的贯彻与实施需要师生之间的互动，互动又是通过语言、动作和行为来实现的，因此可以说体育教学是师生的语言、动作和行为的综合体。具体而言，学生要掌握体育运动的理论知识或者是某种运动技能，需要经过体育教师的讲解、示范、纠正等的支持。

第二，体育课程教学方法和教学目标不可分割。所有的体育课程教学方法的应用都是带有一定目标性的，没有目标作为指导，一切方法都将失去存在的意义。同样地，体育教学的目标和任务必须要通过教学方法作为中间媒介才能够得以实现。

第三，体育课程教学方法是"教"与"学"的统一。教师和学生之间只有通过有效互动，才能真正发挥出体育课程教学方法的作用和价值。我们可以从教师的"教"和学生的"学"两个层面来理解体育教学内容和相关的体育教学活动。教师

---

① 李金钟.高校体育教学方法实施与创新研究[J].体育视野，2021（04）：29.

作为教授知识的主体，其选用的教学方法和手段都是以学生为对象的，学生对于知识和技能的掌握及其理解能力的提升是教学活动开展的重要契机；对于学生而言，他们需要紧跟教师的步伐，积极参与学习和互动实践，与教师建立紧密的沟通和联系，以获得更大的进步。因此，只有将教与学切实贯穿于教学的整个过程，积极促进教师与学生之间的互动与交流，才能够真正实现体育教学的任务和目标。

第四，体育课程教学方法的目标多样性。现代体育教学既关注运动技能的掌握、身体素质的提升，同时更加强调学生综合素质的全面提升。

（二）高校体育课程教学方法的主要作用

在整个体育教学体系中，体育课程教学方法有着举足轻重的作用。其重要性不仅体现在教学活动的进行过程中，而且在教学活动结束之后的一段时期内，教学方法为学生带来的影响也是极为深远的。总的来说，体育课程教学方法具有以下作用：

第一，促进教学任务的完成。在体育教学活动中，体育课程教学方法可以为体育教师与学生之间的互动交流建立必要的联系，这对于顺利实现体育教学目标，高效完成体育教学任务具有极大的促进作用。

第二，促进体育教学质量的提高。通过科学的体育课程教学方法，能够充分激发出学生的学习兴趣与热情，充分发挥出学生的学习主观能动性，这对于促进学生的学习效率和全面提高学生的体育教学质量具有积极的促进作用。

第三，促进学生身心素质的全面发展。任何一种体育课程教学方法的产生必定是受到某种或某些科学思想或理论的熏陶与影响，因此可以说任何一种体育课程教学方法都具有一定的科学性与和合理性。要达到促进学生身心健康发展的目标，就需要对体育课程教学方法进行合理利用以及科学组合。对于体育教学而言，可以将体育课程教学方法视为一个学生对体育理论知识和运动技能进行体验和实践的过程。因此体育教师既要为学生讲解相关的体育运动知识，又要引导学生积极进行体育运动实践，以此促进学生的全面发展。而且，科学的体育课程教学方法的运用还可以培养学生的美好情感体验，磨炼学生的意志，这些对于学生的成长和成才都是非常有益的。

第四，促进良好体育教学氛围的形成。科学合理的体育课程教学方法有助于营造良好的教学氛围，提高学生参加体育学习和活动的积极性；科学化的体育课程教学方法可以展现出体育教师出色的人格魅力和体育教学水平，从而提升学生对于教师的信任度和认可度，从而提升学习的专注程度。从另外一个角度来讲，良好的学习氛围有助于促进所有的学生一起投入体育学习，形成一种良性的循环，最终提高体育教学的质量。

二、高校体育课程教学方法的类别划分

（一）传统体育课程教学方法

1. 传统体育教法

（1）语言教学法。所谓语言教学法，是指教师通过语言方式来描述体育知识、文化、动作要领、技术构成、教学安排等一系列活动要点的方法，学生通过对教师语言的理解，逐步掌握知识要点。

第一，讲解教学法。讲解教学法，是指教师通过讲解来展开教学活动内容。讲解法一般用于体育理论的教学。在使用讲解教学法时，体育教师需要注意学生现有的认知能力和知识水平。如果讲解的深度和难度超出了学生认知能力范围，让大部分学生感到难以理解，则说明教师阐释的方式或者选用的教学内容不适合学生。讲解法的使用要点见表3-1。

表 3-1　讲解法的使用要点

序号	要点内容
1	明确讲解的内容和目标，讲解的过程要突出讲解内容重点和难点；讲解要有较强的目的性和针对性，也就是说在讲解之前就已经预设好讲解将要达成什么样的目标，以便于在讲解过程中对课堂的整体方向有所把握。
2	保证讲解内容的准确性。教师要有科学严谨的教学态度，高度重视讲解内容，尤其是体育历史文化的讲解、专业术语的解释、技能方法的描述要准确到位。
3	注意讲解的形式要简单明了、生动有趣。任何烦冗拖沓、枯燥乏味的内容都容易让人产生厌倦的感受，因此教师要善于利用图片、视频与语言讲解相配合，同时采用多样化的表达方式，将知识点描绘得更加形象自然，加以肢体动作，以促进学生对语言描述的理解。
4	讲解要由表及里、易懂易学。对于同样的知识点不同的教师进行教学的效果往往会产生一定的差异，产生这种差异性最主要的原因之一就在于教师引导学生进行理解的方式。优秀的、有经验的教师往往更善于通过对比、类比、递推、递进式提问等形式来启发学生的想象思维，促进学生主动思考，提升学生对于知识的敏感性，善于发现知识之间的内部联系，并形成自我认知能力和属于自己的知识体系，并且能够灵活地完成对知识要点的迁移。
5	注重讲解的知识在逻辑上的先后顺序以及它们之间的内在关联性，以便于学生能够更快地完成对知识的掌握并形成较为稳定的知识体系。

第二，口头评价法。作为体育教学中的教学方法之一，口头评价是最为快速和直接的一种评价和提醒。它不拘泥于某个具体的时间和地点，既可以在课堂中进行，也可以是在一节课结束之后，体育教师对学生的学习和练习以及获得的学习成果进行简要的、概括性的点评。口头评价可以按照评价的性质分为两种：①积极评价，带有肯定、表扬和鼓励性质的评价；②消极评价，由于学生的表现不够理想，具有一定批评和鞭策作用的评价。由于该评价是以批评的性质为主，因此教师要尤其注意沟通的技巧，注意措辞的方式，就事论事，既要让学生充分认识到自己的不足之处，又要保护学生的自尊心，不能打击学生的自信心，而是要让他们扬起更进一步的风帆，迎头赶上。

第三，口令、指示法。口令、指示的语言凝练，短促有力，因此在体育教学实践中教师可以适当通过口令、指示给予学生一定的知识，这种方式尤其适用于体育教学中的动作教学。口令、指示法的应用要求包括：①发令的声音要清晰、洪亮；②注意使用口令、指示法的时机；③注意口令和指示发出的语速和节奏，太快了学生跟不上，太慢了会削弱其力度和有效性。

（2）直观教学法。直观教学法是通过给予学生的视觉等感官以刺激来促使学生对体育知识产生深刻的了解。直观教学法的优势和特点是直接、生动、形象，因此产生的效果往往也更具有震撼力和持久性。体育教学中有以下最为常见的直观教学法：

第一，动作示范法。动作示范法，就是指在体育教学中，教师通过对教学内容的动作示范，来帮助学生熟悉动作的结构和动作的要领，同时对该技术动作有一个整体上的、比较形象化的了解。动作示范教学法的使用要点见表3-2。

表3-2　动作示范教学法的使用要点

序号	要点内容
1	明确示范目的。在示范之前，要明确示范的目的是什么；通过动作展示，要使学生达到什么样的学习效果；进行动作示范之前，要指导示范的目的是什么，要展示什么。
2	动作的示范要标准连贯。因为教师的演示就是学生学习和模仿的参考，所以教师的示范必须要正确，否则一旦学生形成错误的动作习惯，对其后续的学习会带来许多麻烦与不便。
3	注意选择合适的示范位置和角度。这样做的主要目的是要使所有的学生都能清晰地观察到动作示范，从而对技术动作产生一致性的、准确的理解和认识。为了实现该目标，教师可以选择从多个角度来进行多次示范等方法。

序号	要点内容
4	示范应与讲解相结合。通过示范、讲解两种方式的配合，调动学生的听觉、视觉和触觉等多个感官的功能，使学生对技术动作有更为深刻的理解和认识。

第二，教具与模型演示教学法。利用教具和模型等实际物体来辅助体育教育教学，使学生对技术结构的理解更加简便和轻松。教具与模型演示教学法的使用要点包括：①根据教学内容的实际需要提前将教具和教学模型准备好；②教具、模型的展示要全面到位，尤其是对器材进行具体介绍和讲解的时候，可以让学生近距离观察和体验；③使用过程中要注意保护教具与模型，使用完之后要小心地收纳到指定的容器内，并放置到安全的地方以防损坏。

第三，案例教学法。案例教学法就是在体育教学中用反向对比和类比等方法来列举例子，让学生能够更好地理解教师所教授的内容。案例教学法的使用要点包括：①例子的选取要适合，确保能够产生要达到的加强、对比等方面的作用；②选取有关战术配合的案例时，其案例的分析要尽量详尽一些，并且要注意从攻和守两个角度进行分析。

第四，多媒体教学法。多媒体教学方法在现代体育教学中的使用越来越广泛，其与传统的板书教学最大的区别和优势在于：多媒体教学可以形象生动地将教学内容展示出来，通过动画和视频演示、慢放和定格等操作，将每一个动作的重点和细节都进行精准定位、展示和分析，从而使学生对动作技术有更加快速、清晰、深刻的认识，这是传统的肢体示范和口头讲解都无法实现的。需要强调的一点是，多媒体教学法的运用需要多媒体教学设备等硬件条件的支持，也需要教师具备多媒体操作技能。

（3）分解教学法。分解教学法是与完整教学法相对的，更适合于高难度的运动项目。分解教学法的主要优势在于分步教学，将原本很复杂的动作变得更容易理解和模仿，从根本上降低技术动作的难度。具体来说，分解教学法的应用需要注意以下方面：

第一，注意选择技术动作的分解点，不要破坏整个动作的连贯性。

第二，注意依次教学和加强衔接练习。分解后的各个部分需要按照它们的先后顺序进行单独练习，然后将各个环节整合在一起，并对那些过渡部分进行专门的强化练习。

第三，将分解法和整体法相结合运用，可以获得更好的教学效果。

（4）游戏教学法。游戏化教学法是一种通过娱乐性游戏的方式来激发学生对体育知识要点的学习兴趣，这种方法广泛应用于不同学习阶段，尤其适用于年幼学生。其最显著的优点是能够极大地激发学生的学习积极性。在进行游戏教学法的过程中需要注意以下方面：

第一，注意游戏中所涉及的行为方式、思维方式都应当与所教授的内容具有较高的相关性。

第二，游戏的设计和选择要注意学生的兴趣和偏好。应选择学生感兴趣的内容、方式。

第三，在游戏开始之前，教师要讲清楚游戏的规则和游戏的目标是什么。注意游戏规则、目的的讲解。

第四，在开展游戏的时候，鼓励学生尽力而为，队友之间要形成良好的合作。

第五，在游戏过程中，教师要扮演好"警察"的角色，对于犯规的学生要给予一定的惩罚。

第六，游戏结束后，体育教师要问问学生的感受如何，同时对学生的表现给予中肯全面的评价。

第七，在整个游戏教学的过程中教师要提醒学生注意安全，提醒并禁止具有安全隐患的行为。

（5）完整教学法。完整教学法在体育教学中应用广泛，特别是在实践课上，强调在体育教学中要连续不断地展示整个技术动作，以帮助学生形成全面的动作概念和印象。完整教学法在体育教学中的应用有以下要点需要引起注意：

第一，完整展示要及时。也就是说在通过语言讲解之后，要尽快进入整体展示的阶段，保持学生在认知上的连贯性，在语言讲解和整体展示的作用下，促进学生对技术动作有一个正确的把握。

第二，前期的动作练习要适当降低难度。对于难度系数稍大的动作，教师可以先降低动作的难度和要求来引导学生完成完整的动作流程，然后逐渐增加难度，待学生比较熟悉动作流程之后再按照标准动作的要求来完成整个动作的学习和练习。

第三，对动作的各个要素要进行全面的解析，而不是仅仅局限于将动作连续地展示给学生看。这里的动作要素主要包括动作的发力点、支撑点、用力的方向和大小以及所有影响动作标准的细节因素。

（6）预防教学法。学生的体育学习和教师的体育教学都是开放性的过程，容易受到多种因素的干扰。此外，学生在理解能力、认知水平、身体协调性和体能素质等方面存在差异，因此期望所有学生都能迅速掌握体育知识和技能是不切实际的。在学习过程中，学生难免会犯错误，这要求教师密切观察学生的动作练习情况，总结出其中的规律，找出错误发生的根本原因并加以纠正。预防教学法旨在预防和纠正学生的错误认知和错误动作，具有预防和纠正的效果。应用预防教学法有以下要求：

第一，体育教学中，在前期的讲解过程中要不断强化正确的认知，并对易于出错的地方予以强调，避免对动作的理解产生歧义或产生不正确的认知。

第二，教师在正式上课之前要对可能出现问题的地方进行预估，然后设计出一套比较完善和高效的解决方案，这样可以提高课堂教学效率。

第三，可将口头评价的教学方法综合运用到实际教学过程中，提示学生在关键的时候不要犯错误。

（7）竞赛教学法。竞赛教学法是一种通过组织各种比赛来促进体育教学的方法。这种教学方法有助于提高学生的综合能力，因此被视为一种理想的训练和教育方法。具体而言，竞赛能够增加学生实际运动技能的练习机会，使高难度的动作和战术不再是纸上谈兵。同时，它也能够培养学生的团队协作能力，提高他们应对突发情况的心理适应能力和问题解决能力。竞赛教学法在体育教学中具有独特的优势，对于提升学生的心理素质、竞技水平和身体素质都具有不可替代的重要作用。关于竞赛教学法，其应用有如下注意事项：

第一，具有明确的目标。一般通过竞赛提升学生相关运动项目的技能水平。

第二，合理分组。各个对抗队的人员实力要处于不相上下的水平，这样才能通过激烈的竞争获得共同的提高。

第三，客观评价。教师要密切关注学生在竞赛过程中的表现，既要从整体上把握，又要看细节的处理，只有做到这一点才能对学生作出最客观和中肯的评价，从而使学生清晰地意识到自身的优势和不足，促进他们获得进一步的提升。

第四，竞赛教学法的前提条件是学生必须具有一定深度的运动项目理解能力，并且已经熟练掌握相关的技术动作，以有效地避免由于动作不熟练引起的运动伤害。

（8）纠错教学法。纠错教学方法是指在教学过程中教师发现学生在理论认识和动作练习上的错误之后及时纠正的一种教学方法。其中动作错误主要体现在由于动作理解上的偏差而导致的错误，或者是由于不够熟练，达不到标准的技术动作，针对不同的情况教师要对此加以分析，并采用不同的引导方式予以纠正。应用纠错教学法有以下具体的要求：

第一，纠错时，要反复重申正确动作的要点，要使学生真正明白错误动作产生的原因在哪里，这样才能帮助他们及时改正，而且不会出现反复重犯的现象。

第二，必要的时候可以使用一定的外力帮助学生对一定的动作形成正确的本体感觉。比起预防性措施，纠错具有较强的针对性，因此教师必须能够精准分析错的源头，才能给出最为合理和有效的解决方案。

2. 传统体育学法

（1）自主学习法。自主学习法是一种教育方法，学生在教师指导下，主动发现、分析和探索，独立自主地进行体育学习。自主学习并不意味着学生完全脱离教师的指导，而是要在教师的引导下，学生参与自主性学习活动。体育教师指导学生进行自主性体育学习应当注意以下方面：

第一，难度要适当。由于是自主性学习，学习过程以学生自己思考与探索为主，这对于学生来说并不是一件轻而易举的事，因此教师要注意根据学生的年龄阶段、认知特点，为学生选择难度适当的学习内容，保证具有一定的挑战性，但又不至于无法完成。

第二，明确学习目标。教师应为学生的自主学习制定明确的学习目标。通过这些学习目标，学生能清晰地了解他们需要完成的任务，明白在自主学习过程中需要解决哪些问题以及要达到什么水平。这些学习目标帮助学生明确方向，使他们能够有目的地进行自主学习，提高学习效果。

第三，学生要参照学习目标，在学习过程中学会自我调控：①对学习过程有一个整体的把握；②学会积累各种学习方法，并思考学习方法与运用场景之间的联系；③要有创新思维，将已有的知识进行迁移和组合，从而创造出专属于自己的新策略。

第四，教师要对学生的自主学习给予适当的辅助与引导。学生的自主学习并不是无组织的、放任不管的学习方式，相反，它是一种有计划、有明确学习目标的过程。在这个过程中，教师需要密切关注学生的学习进展，如果发现学生的学习路径或思考方式与学习目标发生偏离，就需要及时提供纠正和指导。这种指导有助于确保学生在自主学习中取得良好的学习成果，同时保持学习的有效性和效率。

（2）合作学习法。合作学习法强调在学习过程中重视合作，鼓励学生之间相互协助和合作，通过合理分工，共同解决问题，以实现学习目标和完成学习任务。这种方法旨在确保学生能够达到教师设定的学习目标，完成由教师布置的任务。运用合作学习法需注意以下方面：

第一，确立学习目标，即通过合作式学习要达成什么样的效果。要重点培养学生哪方面的能力。

第二，将全部的学生分成实力相当的小组。依据任务的特点，将不同性格、性别、特长的学生合理搭配，以促使学生之间的相互取长补短。

第三，确定小组研究课题，引导学生合理地进行组内分工，并探讨如何提高全组的学习效率。

第四，完成小组学习任务。同时，教师或指导者应该提供支持和监督，鼓励小组成员共同努力，一起解决问题。

第五，各个小组之间进行学习和交流，分享彼此的经验和心得，这有助于互相学习，发现自身的优势和不足之处。这种交流和分享可以促进知识的互补和丰富，以及相互之间的学习。

第六，教师关注、监督和评价学生学习的过程，并帮助学生做好学习总结。

3. 传统体育练法

（1）重复训练法。重复训练法是一种体育学习方法，它是通过反复练习特定的训练内容来提高学生的身体素质和运动技能。这种方法侧重于反复练习，以增加技能的熟练度、稳定性和精度，有助于学生在特定领域取得更好的表现。通过不断练习和重复，学生可以逐渐提高他们的运动能力和技能水平。重复训练法的核心和本质就是通过重复性的动作练习使得某一固定的运动性条件反射不断地得到加强，使得身体产生一种固定的适应机制，进而使学生实现对技术动作的掌握。

第一，重复训练法的类别划分。一般来说，重复训练法有两种分类方法：一种是按训练时间的长短；另一种是按照训练方式。见表3-3。

表3-3　重复训练法的类别划分

划分依据	训练方法
训练时长	短时间重复训练法（低于30s）
	中时间重复训练法（30s ~ 120s）
	长时间重复训练法（120s ~ 300s）
训练方式	间歇训练法
	连续重复训练法

第二，重复训练法的应用要求。具体见表3-4。

表3-4　重复训练法的应用要求

序号	应用要求
1	同一动作的反复练习容易使学生产生枯燥和厌倦之感，因此教师要关注学生情绪的变化，并适当地帮助学生调节情绪。
2	注意训练动作的规范性，同时还要注意训练的负荷。
3	强调技术动作的正确练习，如果学生连续出现错误动作则应停止练习，防止错误强化。
4	科学确立学生训练负荷、强度和频率，要依据运动项目的特征和学生的实际情况来设定。

（2）持续训练法。持续训练法就是无间断地、持续地进行某项身体练习的训练方法，其前提要求就是要保持一定的负荷、强度和运动时间。

第一，持续训练法的分类依据。持续训练法可以根据训练持续时间来划分类别，可分为：短时间持续训练法、中时间持续训练法、长时间持续训练法。

第二，持续训练法的应用要求，具体包括：①持续训练法既可以用于单个技术动作，也可以用于组合性的技术动作；②在训练开始前，应向学生介绍具体的训练内容及其顺序安排，同时提醒需要注意的要点；③持续训练过程中，体育教师要提醒学生注意训练动作的质量，并对动作的质量作出具体要求，这样才能使持续训练获得比较好的效果。

（3）循环训练法。当训练内容较多的时候可以采用循环训练法。其具体操作就是将这些训练的项目先按照一定的原则进行排序，依次完成之后回到最初的任务开始训练，不断重复所有的训练内容。循环训练涉及不同的训练内容，因此在一定程度上可以增强学生体育学习的积极主动性。

第一，循环训练法的类别划分。循环训练法的可以按照运动负荷和训练的组织形式来划分类别，具体见表3-5。

表 3-5　循环训练法的类别划分

划分依据	训练方法	
运动负荷	循环重复训练法	各训练站点之间间歇时间没有严格规定
	循环间歇训练法	各训练站点的间歇时间有明确规定
	循环持续训练法	各个训练站点之间是连续性的，几乎没有间歇时间
训练组织形式	流水式循环	按一定的顺序一站接一站地周而复始
	轮换式循环	各学生在同一时间点上练习的内容不一样
	分配式循环	先在站中练习，然后依次轮换练习站

第二，循环训练法的应用要求，具体包括：①找出各个训练内容之间的内在逻辑和规律，合理安排它们之间的顺序；②训练不能急功近利，而是要循序渐进，一般情况是先练一个循环，坚持训练两到三周再增加一个循环，这样学生就有一个适应的过程；③注意一次训练不得超过五个循环。

（4）完整训练法。完整训练法就是指在整个训练过程中只完成某一个动作、某一套连贯动作或者某一个技术配合，其最显著的特征是整个训练过程流畅自然、一气呵成。应用完整训练法应注意如下要点：

第一，完整训练法比较适合于单一技术训练。

第二，如果是针对复杂的技能训练，就需要学生具有良好的基本技能基础。

第三，在战术配合的完整训练中，教师要在战术节奏、关键环节的把握等方面做适当的指导。

（5）分解训练法。分解训练与完整训练是相对而言的，是从训练内容的各个阶段和环节出发，对其中的每一个部分做精细化的研究和训练，并做到各个击破，最后达到整体掌握的目的。

第一，分解训练法的类别划分。分解训练法的分类及其特征包括：①单纯分解训练法。把训练内容分解成若干部分，然后分别练习；②递进分解训练法。把训练内容分解成若干部分，依照规律有序练习；③顺进分解训练法。训练内容分解后，先训练第一部分，再训练第一、第二部分；再训练第一、第二、第三部分……步步为营；④逆进分解训练法。与顺进分解训练相反，先训练最后一部分，再将前一个训练内容叠加训练。

第二，分解训练法的应用要求，具体包括：①科学分解，对于浑然一体、联系紧密的部分不能强行割裂；②对各个部分要做精细化的研究，以便达到训练动作的精细化、标准化；③熟练掌握各个分解部分之后，要进行完整练习加以巩固。

（二）新型体育课程教学方法

1. 分层教学法

分层教学法是指在教学中，由于学生的学习基础和认知能力处于不同的水平，故而设定了不同层次的教学目标和教学任务，从而大大提高整体的教学水平。因此，分层教学法极具针对性，是一种非常有效和实用的新型教学模式。在体育教学中使用分层教学法需要注意以下方面：

（1）对教学目标进行分层。教学目标为体育教学提供了重要的指引作用，制定科学化的教学层次目标可以激发学生的学习动力，还可以有效提高学生的学习效率。如果教学目标设置难度过低，学生就会觉得毫无吸引力，感到枯燥无聊，注意力也无法集中；教学目标如果设置过高，学生就有可能无法跟上教学节奏，最终也达不到预期的教学目标，严重的话还会打击他们体育学习的自信心。因此，体育教师一定要注意教学目标的科学分层，这样各个层次的学生才能够展现出比较理想的学习状态，促进他们在各自所处的层次水平尽自己最大的努力，最终实现共同进步。

（2）对教学对象进行分层。在分层教学法中，首要的任务就是将所有的教学对象进行科学合理分层。要实现这一点，教师可以通过体能测试等办法来了解学生的综合体质，还可以通过问卷咨询、实际练习和竞赛的方式来测定学生的运动技能水平，只有对学生的情况都考察清楚并以此为依据才可以对学生实施分层教学。在分层教学的过程中也要注意观察学生学习的进度以及对知识和技能的吸收情况，同时还要和学生保持沟通，倾听学生的心声，及时调整教学方案。当然也可以按照其他要素和标准来分层，比如学生的兴趣爱好等，只要运用得当，同样可以获得不错的教学效果。

（3）对教学内容进行分层。教学内容的合理分层对于教学目标和教学任务的完成具有重要的意义，也是有效提高教学质量的关键性因素。对教学内容的分层，主要体现在教师要根据学生的不同的情况安排不同难度和种类的教学内容。教师需要根据学生的身体情况和接受能力进行合理设置，比如说对于身体素质较好的、运动技能水平较高的学生可以适当提高其学习内容的难度，这样可以激发学生对知识的探索欲，以帮助他们达到更高层次的学习境界；对于基础较为薄弱、身体素质偏差的学生，可以分配一些较为简单的练习内容，主要目的是逐步提高其体能素质水平，同时还要使其保持学习的兴趣和信心。由此可见，通过安排分层式教学，可以促进每一位学生都获得相应的进步，从而提高整体的教学效果。

2. 成功教学法

成功教学法就是按照学生的接受能力，将教学技术动作的精华部分提炼出来，适当降低其整体的难度，鼓励学生凭借自己的意志力和理解能力顺利完成动作的学习。在该过程中，学生通过对技术动作的顺利完成体会到成功带来的舒畅感和快乐感，这是任何外来的鼓励都无法比拟的，由此，学生对于体育学习的信心大增，坚信自己可以学习好其他的体育运动技能。通过成功教学法可以重新燃起学生体育学习的信心，培养他们坚韧不拔的意志品质，形成正确的学习动机，这对于运动技能的提升是非常有益的。

3. 娱乐教学法

激发学生对体育课的兴趣，更好地焕发出体育运动本身具有的独特魅力，需要改变过去单一的教学形式，积极采用娱乐教学法，重新编排和组织体育教学内容。在娱乐教学过程的设计上，体育教师需要积极探寻每一堂课教学内容当中的娱乐性成分和娱乐性元素，或者考虑如何将娱乐性元素如游戏、音乐、竞赛、趣味性道具的使用等穿插到体育教学过程当中。当然，该做法会给教师的工作带来一定的负担和压力，但可以充分展现出体育教学内容的丰富性和趣味性，当学生的学习兴趣提高了，学生的学习效率就会随之得到提高。在该方法的使用中要避免走纯娱乐的极端，如果失去了对培养学生强健体魄和学习能力的本质任务的把握，那将是得不偿失的行为。

4. 情境教学法

情境教学法是指在教学过程中，教师有目的地引入或创设具有一定情感的、形象化、具体化的场景，引起学生一种积极的反应，吸引他们自觉投入，积极参与学习活动的一种教学方法。情境教学法的主要优势是可以促进学生对教材的理解，促进学生健康心理素质的形成；激发出学生对体育学习的热情，从而主动、快速地接受教师教授的知识，同时学生的学习效果也会获得较大幅度的提升；情境教学法还可以使学生体验到体育学习带来的快乐和成就感。此外，情境教学法多与多媒体教学法相结合，丰富多彩的多媒体画面还可以提升学生的审美情趣、陶冶高尚的情操。情境教学法的应用可以采取以下策略：

（1）充分利用游戏。爱玩是学生的天性，而体育教学是以身体活动为主要内容的教学，这无疑在客观上为学生的"玩"提供了较好的机会。因此在体育课堂中必须要充分注意体育教学的娱乐性，在创设具体的教学情境时可以适当引入多样化的游戏内容，激发学生的学习兴趣，激励学生在体育学习和练习的过程中克服各种心理障碍，学生在挑战成功之后将会逐渐形成稳定健康的体育价值观。

（2）教学情境创设与音乐相结合。人们常说音乐、体育和美术是一家，这主要是说它们都具有一定的艺术性，具有较高的美学内涵。情境教学就是体现体育教学艺术美的最好方式之一，将音乐等元素引入到情境教学中可以更好地发挥情境教学的作用。同样的训练内容没有音乐和加上音乐的配合获得的教学效果是完全不一样的。有音乐配合的体育训练，使学生置身于音乐美的环境中，此时的体育训练不再是一种负担而是变成了一种美的享受。此外音乐的选择也很重要，在身体训练时可以选择激情一点的音乐，促使学生保持较好的精神状态；当训练完毕需要休息的时候则应当选择一些比较舒缓放松的音乐，使学生的身体和心情得到全面的放松和休息。

（3）运用语言创设教学情境。课堂语言具有独特的魅力，体育教师可以通过生动的、丰富的、具有鲜明特色的语言表达方式和风格将教学内容故事化、情节化、夸张化，语言表达中的情境可以给学生带来美好的学习体验。因此在体育教学的过程中，教师要发散思维，创造出有意思的、独具一格的教学情境。同时，体育教师也要注意转变固有的思想观念，不断创造出具有新意的情境教学模式，从而促进体育教学事业不断向前发展。

5. 微格教学法

微格教学法是指为了将枯燥的体育理论知识变得形象生动、更具有吸引力而采用一定信息化技术手段的教学方法，具体而言就是利用录像、音频等手段创造一种可操作、可调控的体验系统，学生通过该体验系统进行体育理论的学习可以对体育知识和动作技能产生清晰明了和感性深刻的认识，从而大大提高他们的体育运动技能。在体育教学中使用微格教学法的具体步骤如下：

（1）提前准备好课件。教师需要在上课之前对视频进行剪辑处理，并制作成教学课件应用于体育教学。将信息化技术应用于体育教学可以使得教学内容更加丰富和形象，这对于调动学生的学习主动性具有积极的促进作用。教师在讲解了基本的体育理论知识之后，将视频或音频课件向学生展示出来，通过这些感性化的视听材料，学生对体育知识和动作技能的理性认识会逐步加深，从而从根本上提升学生的体育运动技能。例如在篮球技术的教学过程中，教师可以在上课之前搜集那些著名的篮球明星是如何完成这些技术动作或者战术配合的，然后将其剪辑成教学课件，通过课件，加深学生对动作的理解。

（2）以学生为主体安排教学内容。这里主要是指教学内容要考虑到学生的发展方向，关注学生本身的兴趣所在。一方面微格教学在教学内容的选择上应当具有针对性，要着重培养学生专业所必需的素质和能力；另一方面教师也要注意学生的时代特征和个性化特征，尽量选择具有典型意义和在学生群体中普遍受欢迎的体育教学内容。与此同时，体育教师还要注意在体育教学过程中给学生留下一定的思考时间和空间，引导学生做进一步的思考和探讨，让学生在和谐、温馨、互助的学习氛围中感受到体育学习的乐趣和意义所在。

（3）在实际的教学实施中，可以将播放视频和让学生反复训练两种方式交替进行。具体流程如下：

第一，在进行教学示范时，教师可以通过高水平运动员的示范录像，方便学生形成技术动作的感性认识以便于模仿训练。

第二，教师在采用微格教学法时，还可以结合多种体育教学法，比如选择直观教学法和分解教学法，可以强化学生对体育技能的理解和训练。

第三，教师安排学生进行训练，当完成一个阶段的训练之后，教师再安排所有的学生分批进行演示，同时拍摄演示视频。

第四，师生一起观看学生的演示视频，针对各个小组和队员的动作技能演示情况，师生一起展开分析和讨论，然后教师要对学生训练的结果作出客观的评价，指出训练过程中出现的错误动作并及时纠正。

微格教学法用于体育教学还有几个需要注意的细节问题：在教学过程中，体育教师可根据体育教学的实际情况选用慢镜头或者回放，以便学生能够看得更加清晰明了；通过演示视频，学生可以自行将其与标准动作做比较从而很容易就找出自己的问题所在；通过师生的评价以及教师的指导，学生可以在分析和比较中找出存在问题的原因所在及其解决办法。

（4）课程结束后，体育教师可以反复观看教学视频，对教学过程中的不足之处进行优化，同时通过微格分析处理也可以达到一定的优化效果。

6. 探究教学法

探究教学法就是指教师着意引导学生在教学过程中发现问题、分析问题，最终提出可行性方案解决问题的一种教学方法。通过该教学方法，学生在探索和分析的过程中不知不觉地掌握了相关的知识和技能，同时培养出高超的洞察力和知识迁移能力。探究教学法符合现代教育教学理论以及以学生为主体的教学理念，因此越来越受到体育教师的重视。在探究教学法的应用过程中要注意以下问题：

（1）目的要明确。教师要提前确认研究计划，确保体育教学目标的实现。探究的目标模糊或者实际的教学与探究的目标相背离，会造成无效的教学，浪费师生的时间和精力。

（2）探究的内容和主题要和学生的运动水平以及他们的认知能力相一致。教学内容太简单的话，学生会感到没有激情和挑战性，继而产生无聊的感觉；内容难度设置太过于高深，又会打击学生体育学习的自信心。因此，教师要深刻理解这一点，引导学生做难度适中的探究性学习。

（3）对于一些难度偏大的探究性课题，学生通过努力仍然没有较为理想的思路的时候，教师要适度地启发和鼓励。

7. 逆向思维教学法

逆向思维教学法是指以与常规思维相反的思维方式来开展教学活动的一种

教学方法，从常规的思维角度来说，教师一般都会比较习惯按照技术动作自然发生的顺序来进行体育教学，但有时候按照反常的程序来教学反而可以取得更好的教学效果。例如在跳远的教学中，可以先教起跳，然后教助跑和落地动作；在标枪的学习中，可以先教投掷动作，再教助跑，最后将各个部分组合到一起，做完整练习。此类教学有一个共同点，就是把最难的部分放在最前面来学习，因为这部分动作的正确与否对运动项目的比赛成绩起决定性作用。

在体育教学实践中，教师经常会发现学生总是学不会一个看似很简单的动作或技能，尤其是当这种问题呈现出普遍性特征时，教师就需要用逆向思维来看待这些问题，因为很有可能问题不在于学生的"学"，而在于教师的"教"，因此教师要及时地反思教学中是否哪个环节出现问题或者整个教学方式的选用不适合。这种"反思"其实也是逆向思维教学法的一种体现。

8. 对分课堂教学法

对分课堂是一种课堂教学的新模式，它的核心思想是把一堂课的总时长一分为二，一半用于教师的讲解，另一半由学生自由讨论和自主探索学习。后面的一半时间强调的是学生的自主学习和相互交流，突出了讨论的重要性，这样可以发挥出学生的学习潜能和积极性，自主完成对知识和技能的深化理解，对分课堂的应用不仅可以降低教师教学负担，还可以提高教学质量，改善教学效果。实施对分课堂教学法需要注意以下要点：

（1）对学生进行合理分组。在划分讨论小组的时候教师要注意尽量使各个小组实力均衡，男女生比例要合理搭配。因此在分组之前体育教师对学生的基本情况要做一个详细的了解，既要保证各组实力相当，也要注意任务分配的均衡性，这样可以促进各组之间的公平竞争，制造出一定的悬念，激发学生学习的动力和潜能。同时，男女生的合理搭配，在完成任务的过程中还可以起到性别特性互补的作用，使体育课程更有激情，也能产生更好的学习效果。

（2）对课堂时间的合理分配和利用。对分课堂最关键的要点就是要将教师的讲授和学生的交互式学习分开，而且要保证在这两个阶段的中间要安排一定的时间让学生将教师讲授的知识要点和动作技能消化吸收。所以有人将对分课堂称之为 PAD 课堂，这是因为其具有 PAD 的界限清晰、相互分离却又相互联系的三个过程，即讲授、内化吸收和讨论。

（3）宣布任务之前要做好引导和启发工作。也就是说教师在布置一个具体的任务之前要对任务的要求进行详细讲解，并启发学生学习讨论的思路，促使学生对学习任务有比较全面和深刻的理解。体育教师要让学生对整个学习的重点和难点都有所了解，同时也要对本次课程的目标和内容有所把握，让学生在相互沟通、交换意见之前先想一想如何才能够更好地实现任务目标。

（4）给予学生平等的表现自我的机会，同时要注意让所有的学生都能够清楚地观察到他们的展示。通过随机抽查和预先制定的量化标准，通常可以对对分课堂的实际学习效果作出一个客观公正的判定。主要环节设置合理，学生的表现遵循流程安排，一般情况下可以获得比较理性的效果，但是不能排除会有个别的小组偏离主题，此时，教师要及时指出来，并给予合理化的建议。教师还要注意引导全体学生一起分享其中的闪光点，让学生从别人的优秀表现中得到相应的启发。

在对分课堂教学中，体育教师要提醒学生在开展讨论的过程中要以主题内容和教学目标为中心，以防止剑走偏锋、脱离主题而造成无谓的损耗。也就是说，教师要主动承担"总导演"角色，为学生提供适当的指引和指导，以提高学生的学习效率。

三、高校体育课程教学方法的选择

（一）依据教学目标进行选择

根据教学目标、教学任务的不同，体育课程教学方法在选择上也会存在一定差异性。目前各个学校体育课程教师为体育课程教学选择教学方法的主要依据是体育教学目标。具体来说，体育教师在基于体育教学目标来选择体育课程教学方法时需要注意如下事项：

（1）体育教师一定要基于体育教学的总目标来选择体育课程教学方法，以此确保不管是每次课的教学目标还是总体教学目标在最后都能实现。

（2）体育教师在选择体育课程教学方法时，一定要注意将教学目标进行细化，选择适宜的教学方法，确保每一个小目标最终都能实现。例如，为了进一步巩固学生课堂所学技能，体育教师可对应地采用练习法、比赛法等。又如，为了引导学生学会新技能，体育教师应该多运用讲解、示范、分解、模仿等教学方法。

（3）在当代社会，体育教学总目标为"促进学生体魄强健、身心健康"。学校体育教学在选择方法时也因为基于此进行，决不能只为一时的收益，而放弃长远利益。

（二）依据教育理念进行选择

在选择体育课程教学方法这一过程中，教学理念具有重要指导作用。具体来说，体育教师在选择体育课程教学方法时，应在体育教学理念的指导下进行，注意如下方面：

（1）现代体育教学强调以实现学生身心全面健康发展为目标。为此，体育教师在选择教学方法时应坚持"以人为本"，始终将健康这一理念放在中心位置，这除了有益于学生"终身体育"意识的形成，还有利于促进学生的全面发展。

（2）体育教师在选择体育课程教学方法时，应该坚持以学生为主，根据学生实际需求来选取教学方法，确保学生的积极主动性被充分激发出来。

（3）体育教师在选择体育课程教学方法时，应该注意强调学生体育意识的培养、体育能力的提升，进而为其在走出校门、走向社会后继续参与体育锻炼奠定扎实的知识与技能基础，保证其在未来发展中可以主动参与体育运动。

（三）依据学生特点进行选择

体育教学所面对的群体是学生。体育教师在选择体育课程教学方法时首先需要考虑的是这一教学方法是否有益于促进学生体育学习，所以一定要基于学生群体的实际需求以及特点来选择具体的教学方法。这要求体育教师既要关注学生的群体特点，又要关注学生的个体特点。具体来说，体育教师基于教学对象即学生的特点选择教学方法时应该重点关注如下方面：

（1）就学生这一群体所具有的特点来说，体育教师一定注意把控这一群体的共性，据此来选择体育课程教学方法。教师可采用探究、发现法教学，引导学生在自主探究的过程中一步一步地培养起参与体育运动的习惯和意识。

（2）就学生这一群体的个体特点来说，体育教师应该关注学生的个体差异，并据此安排教学方法。

（四）依据教师条件进行选择

在体育教学活动中，体育教师不光是组织者、指导者，还是选择者、实施者。因此，体育教师在选择教学方法时也要依据自身的相关条件进行选择，具体要求如下：

（1）体育教师在选择体育课程教学方法时，应该考虑该方法是否适合自身。换言之，体育教师应该考虑运用这一方法是否可以将自身的素质水平、知识结构、教学能力与经验发挥出来，保证教学得以顺利进行。

（2）体育教师在选择体育课程教学方法时，应着重研究这一教学方法是否和教师的教学风格、性格特征契合。

（3）体育教师在选择体育课程教学方法时，应认真考虑本次课的教学目的及课堂控制等内容。

总而言之，体育教师在选择体育课程教学方法时，一定要基于自身特点，以便扬长避短，使教学方法更具针对性。

（五）依据教学环境与条件进行选择

体育教师在选择体育课程教学方法时，一定要综合考虑牵涉整个教学活动的相关因素。其中，尤其要重视客观教学环境与条件因素。

具体来说，教学环境不仅包括场地、器材，还包含班级人数、课时数等。而体育教学条件则包括体育教学的硬件条件、软件条件等。

四、高校体育课程教学方法的优化

（一）增强创新意识

在创新学校体育教学手段这一过程中，体育教师要想收获良好的成果，应该在态度上给予重视，树立科学且正确的创新意识。体育教学手段有所突破，实现创新，将会对现代学校体育教学突破传统教学理念的制约，建立起与时代相适应的现代化体育教学模式起决定性作用。

以体育教师为例，倘若体育教师具有创新意识，那么他们不管在教学中还是在与学生的日常接触中，都会时时刻刻地谨记培养学生对体育运动形成兴趣，并注意对学生创新能力的培养。所以，体育教学手段实现现代化，离不开体育教师充分激发学生的创新欲望、满足学生的心理需要，以及体育教师的高度工作责任感。

（二）创新教学理念

当今社会信息技术发展迅猛，教学与网络技术的融合已经成为一个不可逆转的趋势。在教学中，运用网络技术，可极大程度地保证整个教学收获良好的效果。为了能够将网络技术的作用充分发挥出来，体育教师还需要及时更新教学理念。为此，学校体育教师以及相关工作人员一定要以一个开放的态度面对当下流行的新理念以及新事物。同时，体育教师要严格要求自己，提升自己的专业素质，努力在实际教学中不断发现自我、完善自我，这也是保证信息技术在体育教学中发挥出最大作用的关键所在。

（三）灵活利用软件

在学校体育教学基础设施持续得到完善、优化，以及教育技术现代化得到快速发展这一背景下，当前各高校一定要注意加大对体育教学辅助软件的开发力度，将现代化教学手段的价值以及意义充分发挥出来。具体来说，体育教师在开展体育教学过程中，要基于汇集计算机、投影仪、录像播放三者于一体的多媒体技术，将那些难度相对较高的动作技术制成电脑动画，以便学生可以反复多次的、慢速地、多方位地、动静结合地来观看整个技术动作的演示，如果可以配以一定文字对该类动作的关键部位进行解释说明，学生势必会对所学动作的技术要领以及动作结构有更加深刻以及清晰的理解和认识，这可确保学生对于正确动作快速形成概念，可极大程度地提升教学效率。

此外，出于进一步丰富和拓展教学资源的目的，各高校还应该搭建起相关的网上教学资源库，以便学生可以借助校园网在教学资源库中获取自己感兴趣的知识在线自主学习，这有利于为学生营造出一个高度互动、个性化的智能教学环境，提升教学效率。

（四）优化教学设施

在高校体育教育现代化高速发展的今天，高校要保证体育教学已经配备足够的体育教学场地、设施、器材装备，可以很好地满足当下开展体育教学的实际需要，这同时也是创新以及发展体育教学手段，使其实现现代化的基础。

学校体育教学除了要保证硬件设施的数量以及质量加以保证之外，还应强调科学且有效地应用现代化教学设备，进而确保其可以更好为体育教学实践服务。

例如，体育教师可利用多媒体设备的慢放功能，分解那些复杂动作并进行慢放，以此保证学生可以深入理解该动作的原理以及动作之间的上下承接关系。或者可以利用多媒体设备记录学生练习技术动作的过程，以供教师准确掌握学生练习情况并进行分析，及时指出不足或者错误之处加以纠正，让学生可以正确掌握该技术动作，并对其所具有的时空感、节奏感有更深的理解，从而保障学习效果可以得到有效提升。

第二节　高校体育课程教学内容及其改革

"随着社会经济发展及人们对'健康'问题的高度关注，高校需跟随焦点来完善体育教学内容、重构教学体系，探究高校体育教学内容结构创新路径，搭建现代化、科学化与长效化的体育教学实践网络，促进高校学生身心健康成长。"[①]

一、高校体育课程教学内容的特征表现

体育课程教学内容有着较为显著的特征，具体来说，主要表现在以下方面：

（一）健身性特征

体育教学内容对于学生增强体质、增进健康的作用是其他学科教学内容所不具备的。体育的一个重要功能就是增强体能、增进健康。体育教学内容学习的实质就是学生体育知识、身体练习和技能的学习。体育教学的主要目的，就是通过对身体练习的运动负荷量以及强度进行合理的安排，通过一定的手段加以调控，从而使学生的体质得到增强。

（二）实践性特征

体育教学是以有关身体运动的学习和身体运动的技能形成为主要培养目标的内容；是以运动为媒介，以大肌肉群的活动状态进行教学的内容。简言之，体育的教学内容是运动实践，是通过实际练习完成教学的。正因如此，体育教学不同于其他教学，一方面它在传授体育技能的过程中锻炼了学生的学习和认知能力，另一方面在实际训练中还带动学生身体练习，使其生理功能也得到加强。学生在

---

① 荀盛龙.高校体育教学内容结构创新与实践研究[J].食品研究与开发，2021，42（23）：251.

参加体育学习的过程中，要通过运动中的肌肉本体感觉的形成与动作的记忆，来判断自己是否真正掌握了教学内容，因此在体育教学内容中，学生的学习是要将思维和行为联系起来的。所以，体育教学内容的学习尤为强调练和做等实践行为，因而呈现出实践性的特征。

（三）娱乐性特征

现在的体育运动项目大都起源于各种游戏，然后经过长期的演变和发展而来，由此可以认定体育教学内容必定带有一定的娱乐性。在体育教学过程中，这种运动娱乐性主要体现在克服困难、协同作战、争夺胜利、表现欲望等心理过程中，体现学生对新的运动的体验和对学习进步的成就感，体现在运动的环境、场地、比赛规则、比赛形式等变化和加工方面。当学生学习某项运动技术时，本身就会存在对这种运动本身娱乐性的追求动机。

二、高校体育课程教学内容的基本组成

（一）基础教学内容

1. 球类运动

球类运动种类丰富，因此，在选择球类运动教学内容时教师要全面考虑不同球类运动的教学顺序、不同球类运动间的联系等，要注重球类运动的实战性和竞技性特征。一般来说，足球、篮球、羽毛球、乒乓球等是球类教学的主要项目，这些项目也较受学生喜爱。教师在组织球类教学时先要对球类运动的共性及球类比赛相关知识进行介绍，在帮助学生对球类运动有一个大致了解后再集中对1~2种球类基本技术和重要技能进行训练，让学生掌握技巧，并有能力参与球类比赛。由于球类教学中涉及的技术和战术相对于其他体育运动难度更高，且同一球类不同的技术之间是相互联系的，因而教师在选取教学内容时不能只着眼于单一的技能训练，而应该适当举办球类比赛，在比赛中引导学生将单一技能融会使用。这样在实战中不仅能提高学生的技能水平，还能最大限度地调动学生的兴趣。

2. 田径运动

体育教学中的田径运动教学不仅是对田径技能的教学，它还与学生基本的活动能力，不惧阻碍、敢于竞争的心理需求等有直接联系，因此，体育教师在进行田径教学时要对以上内容进行全面考量。具体来说，体育教师不能只着眼于竞技

水平，还应该综合考虑文化、心理、体能等多种要素，从教学的视角分析要素之间的内在联系，并对教学内容做出取舍。只有这样经过筛选、组织的教学内容才是符合学生需求，能引起学生学习兴趣的。通过对田径教学内容的选择、优化，学生才能真正理解田径运动的作用和意义，初步掌握田径运动中涉及的跑、跳等基本技能的特征和原理，在掌握田径相关知识的基础上，并有意识地将学到的技能运用到日常生活或体育锻炼中，真正学有所得，从而对今后的生活产生持续的、长久的影响。

3. 健美运动

健美运动既是一项表现运动又是一项锻炼身体效果较好的运动。健美运动教学内容包括民间舞蹈、健美操、体育舞蹈、韵律操、艺术体操等。健美运动融合了舞蹈和运动元素，能将人的形体美和运动时的动态美充分展现出来，因而这项运动受到学生的普遍欢迎。健美运动教学中，教学内容的选择既要注重该运动的相关基础知识，引导学生掌握基本的健美运动技能，还要通过舞蹈音乐培养其节奏感，通过舞蹈动作教学改善学生的体态，使其舒展身体，提升身体表现力。健美运动教学内容还与乐理、舞蹈原理、审美等内容相关。因此，教师在筛选教学内容时还要对舞蹈乐理知识有所涉及，并将培养审美意识作为教学目标之一。

（二）任选教学内容

任选教学内容的选用要求符合教学内容的基本要求，注意其有效性、文化性、实用性。这部分教学内容的教学要有明确的要求和标准，以使其达到最佳的组合效果。这部分内容是为了适应各地的不同教学条件和丰富高校体育教学内容而设置的，因而灵活性更强。在筛选这一部分教学内容时最好着眼于具有当地特色的、与当地文化背景息息相关的体育项目，让学生了解当地特有的体育文化知识。总的来说，任选教学内容的优势在于教学选择范围广，能满足学生的多元化体育需求，使其体育能力得到全面发展。

1. 身体锻炼教学内容

身体锻炼教学内容让学生通过学习基础锻炼技能达到增强体魄的目的，在选择具体教学内容时要以教授对象的体质状况为依据。具体来说，身体锻炼内容要求具有锻炼的全面性、针对性、实效性、科学性和多样性，教学内容的选用还要与国家相关锻炼标准相结合。身体锻炼教学内容担负着完成锻炼身体的任务，因此，这部分内容一定要能帮助学生有效锻炼身体，在实践中提高体能并掌握基本的锻炼原理和锻炼方式。

2. 巩固应用教学内容

巩固应用教学内容的选用应与学科类课程和体育教学内容紧密相连，注重其内容的延伸、拓展和运用。巩固应用教学内容是用来巩固学生体育课程中所学的知识和技术并将其运用于运动实践，以逐渐形成学生参加体育活动的能力。教师应允许学生在从事这类活动中进行创造性学习，串联、发展和应用所学的技术，把所学的技术进一步拓展。在这一过程中要培养学生的创新精神。

3. 娱乐竞赛教学内容

娱乐竞赛教学内容的选择范围较大，选择时要注意符合教学内容选择的原则，还要有一定的全面性，防止松散、偏颇，要多采用综合性教学内容，如组织比赛、野外活动等。此项教学内容是为了适应地区间不同的教学条件因地制宜地进行丰富多彩的体育活动，从而满足高校学生的多种需求而设立的。同时，这部分教学内容还担负着用多种活动全面地锻炼学生身体，使学生更广泛地接触体育文化，并在其中陶冶娱乐身心的任务。此外，娱乐竞赛活动涉及的内容还要有一定的社会性，能为学生营造出接近社会活动的环境，为学生创造与他人协调合作的机会，让其在掌握体育技能之余，锻炼其品行与意志。

三、高校体育课程教学内容的综合选择

在课程改革不断推进的背景下，体育作为学校教育的重要组成部分之一，也需要紧跟新时代的教育需求，积极推动课程改革，精选、优选教学内容。选择科学、合理的体育教学内容是推动体育教学现代化、科学化的重要路径，是体育教学研究开展、体育教师培养、体育教学工作推进的前提。总之，教学内容选择是体育教学的基础工作，需要每一位体育教师重视。

（一）选择依据

体育教学内容选择的依据应是"学生的体育全面发展"。而在当前的历史条件下，"学生的体育全面发展"应该是以"学生终身体育锻炼的实现"为核心内容的，而"学生终身体育锻炼的实现"则主要依托于：①通过学习，学生能熟练掌握并运用 1 ~ 2 种运动技能，大概了解并掌握 4 ~ 5 种运动技能；②学生能学

到一定的体育相关知识，满足其今后体育锻炼和体育欣赏的基本需求；③让学生的身体功能得到增强，满足学生身体发展的需要；④让学生在学习中体会到体育运动的作用和趣味，培养其终身锻炼的意识。

总之，筛选内容时，必须以学生为主体，看它是否有利于学生的"学懂""学会""学健""学乐"。这不仅是体育教学效果评价的四个视角，还是选择体育教学内容的四大依据。

（二）选择原则

教师在筛选教学内容时还要遵循一些基本要求，即筛选的原则，具体来说，选择时要遵循以下五大原则：

第一，教学性原则。所谓教学性原则就是选择的内容应当具备学习价值，这就要求所选内容是健康的、积极向上的，对学生的身体素质提升和精神品质培养都有一定促进作用。

第二，趣味性原则。趣味性原则，顾名思义，选择的教学内容要富有趣味性，能吸引学生，让学生在学习中体会出该内容的乐趣所在。

第三，健身性原则。健身性原则要求教学内容能充分调动身体的大肌肉群，能给学生带来全面的身体锻炼，且锻炼的难度和强度要适宜其身体发展需求。

第四，文化性原则。文化性原则强调所选择的内容要具有一定的文化性，最好选择能反映当地民族特色或区域特色的体育项目。

第五，可行性原则。可行性原则是指所选择的教学内容应和学校的体育教学设施、教学场地、师资力量等相符合，是切实可行的教学内容。

四、高校体育课程教学内容的改革创新

（一）改革思路

针对新时期学校体育教学内容的发展情况和改革中出现的问题，为了更好地促进学校体育教学内容的完善，需要对此进行进一步的改革，其中可采纳的基本思路主要有以下几个方面：

第一，满足体育教学主体的需求。新时期，学校体育教育对象——学生的需要已经发生了较大的变化，因此，体育教学的内容也应该适应这种变化，有针对性地增加健美、舞蹈、韵律体操、轮滑等一些趣味性强的项目，这样不仅能够使

教学内容得到进一步丰富，还能够更好地调动学生参与学习的积极性，满足学生的需求。新时期体育教学内容的改革首先要确定指导思想，然后对教学目标及目标的内涵进行准确定位。同时还要与学校教学的实际情况有机结合，以学生需要为出发点，有针对性地选择体育教学内容。

第二，重视隐性体育教学内容。隐性体育教学内容包含很多方面，其中较为主要的有道德修养、体育精神、思想作风等无形的内容。在体育教学中有意识地培养学生的纪律观念、集体意识，并通过体育活动促进其道德水平和意志力提升，能对学生今后的工作、生活产生持续的影响。

第三，增加健康体育教学内容。新时期体育教学内容的改革要以学生身心发展的特点以及知识和能力水平为主要依据，对教学内容进行有针对性的安排，使内容分布能够兼顾娱乐性和实用性，引起学生学习兴趣，最大限度地唤醒学生的学习主动性、积极性。教师需要注意，教学内容必须是健康、积极的，因此，在组织教学内容时要充分挖掘其中蕴含的健康教育因素，为学生创造一个健康的体育教学环境，最终实现学生身心全面、健康发展。

（二）改革策略

新时期，推动体育教学的有效实施，必须要及时对教学内容进行改革。具体来说，可以从四个方面进行改革探索：①及时更新教学观念，正确把握教学目标；②立足当下，充分考量现代社会对体育教学的影响，关注新时期学生的学习需求；③将学生放在核心位置，要综合学生的身心特点、学习兴趣、认知规律、爱好与特长等，引导其将体育知识和技能融入日常生活和锻炼之中；④培养学生的兴趣，挖掘其体育特长，让体育锻炼惠及学生今后的生活，使其终身受益。当然，体育教学内容的改革不仅仅是学校的责任，它也需要体育教师和相关人员共同努力。体育教学内容改革可以从以下方面进行：

第一，加强硬件设施建设及管理。体育作为一门室外教学课程，教学设施和教学器材是支持教学活动的基础。这些设施和器材的质量和多样性对体育教学内容的选择和学生的学习体验产生重要影响。为推进体育教学内容的改革，首先需要加强体育教学设施的建设，以提供多样化的体育项目选择。例如，学校可以建设和有效管理各种体育运动场馆，如篮球场、游泳馆等，以提高场地的使用率。此外，学校还可以补充新的体育器材和锻炼设备，并及时关注设备的损耗情况，进行修复或更新，以保持设施和器材的良好状态，满足学生的不同兴趣和需求。这不仅有助于学生的综合体育素质发展，还有助于促进学生积极参与体育锻炼。同时，定期检查和维护设备设施，确保它们的安全性和性能，是确保学生在适宜的环境中学习和锻炼的重要措施。这些努力可以促进体育教学内容的改革，为学生提供更好的体育教育体验。

第二，建立体育课程理论体系。构建体育课程理论体系是现代体育教学的重要改革路径。一般来说，学校体育教学的理论内容可分为体育社会人文类、体育锻炼和养生保健类、体育科学原理和运动人体科学类。学校可以基于以上分类，按照各年级学生身体发展需求来安排体育项目和体育课时。通过学校对体育教学内容的合理分类和课时安排，有利于学生掌握体育运动基本知识，并对体育运动损伤处理方式有所了解，能有意识地建立个人运动计划，提升身体素质。

第三，实现体育教学目标。学校体育教学目标的实现是体育教学改革的出发点，也是体育教学的努力方向。学校体育教学的主要目标是以"健康第一"为指导思想，全面满足学生的健身、竞赛、娱乐等不同需求，同时促进学生的个性化发展。为适应新时期体育教学内容改革的需要，体育教学目标要突出体育教学内容的基础性、全面性，具体来说，至少要包含：①通过体育学习提高学生的心理素质和社会适应能力；②提高学生的综合体育素质，为学生奠定坚实的终身体育基础，从而实现体育与生活的整合，学校体育与家庭体育、社会体育的整合，使现代学生在价值观念、身体健康、生活能力、体育能力等方面能应对社会的变迁，并与之保持同步发展；③坚持"全面推进素质教育"，倡导主体化、民主化的发展方向。

第四，体育教育在现代学校中反映出时代特征，即强调民族文化、娱乐元素、健康意识、人文价值和多元文化等方面，这也促使学校体育教育内容向现代化方向发展，追求更全面、更实用、更具弹性的体育课程。因此，体育教学内容的选择应当体现时代特征，符合体育学科的发展需求，构建出具有时代特征的内容体系，让体育教学在促进学生全面发展过程中发挥其应有作用。

第五，把时尚体育引进校园。新时期，体育项目越发丰富，如跆拳道、街舞、滑冰等相继出现在人们的视野，并受到青少年群体广泛喜爱。这些项目具有新颖、时尚的特点，吸引着学生们。因此，学校可以结合学生的需求和学校体育设施、教学师资，有选择性地吸收这些新项目，为体育课堂引进新动力。这些新项目能激发学生主动学习的意愿，并积极参与项目学习，推动体育教学项目的更新、优化。

第六，注意体育教材内容的选择。教材是教学活动开展的依据，教学内容直接通过教材呈现出来。在编撰体育教学教材时，要注意教材内容的选择。①选取最主要、最关键的内容，内容在精不在多，要能突出体育教学的特点，锻炼学生的身体素质；②选择趣味性强的、能引起学生兴趣的内容，删除与时代需求不符的、难度过大的体育项目；③内容选择要符合时代发展需求，做到与时俱进，兼顾现代社会对体育教育提出的"健康、娱乐、实用"的要求；④内容选择还要具有区域特色，突出个性部分，对一些少数民族较多的地区或省份，在编撰教材时，可以适当选入当地的少数民族体育文化和传统体育项目，让体育项目的民族性得到发展；⑤内容选择应该坚持多元化原则，要综合学校、教师、学生等多个主体的条件和需求，给体育教学更多选择余地，有条件的学校可以选择武术、瑜伽、游泳、健美操等内容，突出本校体育教学的特色。

第三节　高校体育课程教学资源的管理

一、高校体育课程教学中人力资源的管理

（一）强化继续教育与培训

制订各类体育人才培训计划，广泛推进多层次、多途径的人才培训。加强对优秀运动员的综合素质和职业教育，以提升运动员的就业竞争力。注重为教练员提供职业培训，以提高他们的整体素质和执教能力。有条件的学校可通过公开招募、公平竞争和选拔优秀的中青年人才，派遣他们出国（或境外）接受培训或进修。

（二）营造浓厚的学术氛围

培养体育人才的科技意识，鼓励体育人才独立承担或参与各级各类科研课题的研究。建立体育课题结题报告会制度，促进体育人才的学术交流。鼓励体育人才参加国内学术会议，支持高层次体育人才参与国际学术研讨。提高体育科技人

员的地位和待遇，形成尊重知识、尊重人才的良好氛围。

（三）拓宽人才实践渠道

积极推行竞争上岗、双向选择和职务聘任制度，支持年轻教练员独立带队伍，鼓励年轻体育人才独立承担科研课题，形成有利于青年人才平等竞争、健康成长、脱颖而出的机制。增强体育人才的职业竞争意识和风险意识，激发终身学习的自觉性。积极创造条件，推进岗位交流，建立定期轮岗制度。选拔推荐年轻体育人才到上级部门或相关单位挂职学习，安排缺少基层工作经验的体育人才到基层和艰苦地区锻炼。

（四）推进智力资本的整合

完善专家决策咨询机制，以国内外、省内外竞技体育人才、体育科技人才和体育相关学科的高级人才为主，实现决策科学化、民主化。加强与专家库成员的联系，促进专家库成员之间的学术交流，定期邀请专家库成员举办讲座，促进学术交流和研讨，推动先进成果转化。

（五）深化分配制度改革

坚持以业绩为取向，积极探索并完善运动训练、科研成果和管理等要素按贡献分配的办法。依照供求关系和市场机制，试行高层次体育专业人才协议工资制、风险工资制和年薪制，对自收自支的经营性单位，建立以经营业绩为核心的多元分配形式，使管理人员的收入与单位效益紧密结合，其他人员的分配方式和工资待遇放开，逐步实行年薪制、协议工资、利润分享、年度奖励、风险收入等多形式的多元分配体制。

（六）营造和谐的人际环境

坚持以心交友、以情揽才，营造尊重劳动、尊重知识、尊重人才、尊重创造的良好氛围。认真落实各项人才政策和待遇，关心人才的工作、学习和生活，及时掌握并帮助他们解决困难。

二、高校体育课程教学中保障资源的管理

（一）体育器材的管理

体育器材是体育课程教学经常使用的设备和教具，要做到设施齐备、安全卫生、使用方便，就需要通过有效的管理来实现。

1．体育器材的配备

体育器材的配备管理需要遵循如下原则：

（1）满足体育课程教学的原则。体育课程的正常运行需要配备相应的体育器材。随着多元化的体育选修课程可供学生选择，体育器材的需求和类型也变得更加多样化，包括课堂教学、团体活动和课外训练等。但无论如何改变，体育课程的教学始终是最重要的。

（2）满足大型比赛的原则。体育的特点之一是竞赛多、规则多。无论什么体育竞赛，在竞赛规则上都有针对该项目器材的规定。所以，购买体育器材首先要考虑符合竞赛规则，而且为了承接大型比赛，体育器材的档次可相应提高。

2．体育器材的摆放

摆放体育器材时，应考虑体育活动的规律。通常情况下，室外体育器材应朝向南北方向摆放，以减少从事体育活动的人直面太阳的情况。室外游泳出发台和跳台最好朝向南北方向设置，以避免眼睛受到太阳光的直射。

每一件体育器材的摆放都要在周围留有足够的活动区域，以免造成不必要的伤害事故。

（1）双杠与双杠之间必须留有双方在同一区间下杠而不受干扰的区间。

（2）单杠下的沙坑，前后要留有足够的下杠区域，特别是高杠的背后区域要大于前面区域，以防练习者正握杠后摆时意外脱杠。

（3）乒乓球台左右应有不少于2米的活动区间，前后应有不少于4米的活动区间。

（4）健身器材，如杠铃，周围2米内不能有其他人活动。

（5）室外联合器械，如秋千和浪桥，摆动的方向前后不能有障碍，而且周围需安放警告标志或安装护栏。

3．体育器材的采购

体育器材的采购是高校体育部门的经常性工作。除新建体育场馆一次性增添设备外，很多体育器材属于消耗品，每年都要购买。为了保证高校体育器材经费每一分钱都用在学生身上，有必要了解体育器材的基本配备和质量要求，熟悉体育器材消耗状况，寻求进货的可靠渠道，规范采购的操作程序。

（1）采购计划的制订。体育器材的采购是高校的一件大事，它关系到高校体育课堂教学、群体活动和训练竞赛的正常进行，关系到高校投入的资金能否充分发挥经济效益。每年的体育采购必须在前一年末制定出采购计划的预算，采购预算可从以下方面着手制定：

第一，采购大型体育器材。大型体育器材是随着高校体育场馆建设来添置的，增加场地就要添置器材设备。但采购怎样的器材要事先计划好。通常情况下，大型体育器材具有笨重、难以移动、使用寿命长、更换周期较长的特点。因此，在采购大型体育器材时，应首选品牌声誉良好、信誉高、质量优、性能稳定、安全可靠，并能提供及时售后服务的产品。大型体育器材的数量很容易计算，如建设一个篮球场就应添置一副篮架，增加一个足球场就应添置一副足球门。

第二，采购小型体育器材。小型体育器材属于体积小、重量轻、移动方便的类型，要根据体育场的数量、功能来添置。如一个羽毛球场配几副羽毛球网架，一个乒乓球室配几张乒乓球台，一个游泳池配多少个救生圈、多少块练习扶板等。

第三，采购消耗性体育器材。体育器材的添置有一定规律，可根据高校每年消耗多少乒乓球，消耗多少羽毛球，损坏多少篮球、足球、排球等，一次性或分批次添置。

第四，采购需要考虑体育课程、开课班级和竞赛项目的增减。下一年度如果体育课程、开课班级和竞赛项目有变化，体育器材数量也要相应地随之改变。特别是在增加部分上，一定要有新的采购计划。

（2）采购器材的准备。

第一，实行集体采购的操作机制。商家为了推销自己的产品，有各种各样的促销手段。为了保证高校的采购真正做到一分钱一分货，实行集体采购是必不可少的。它有效地堵塞了漏洞，使高校的采购工作廉洁、高效。

第二，充分了解市场。体育器材市场价格会受到使用材料、工艺、进货渠道等因素的影响而呈现波动。因此，在采购体育器材之前，进行市场调查是非常重要的。

（3）体育器材的挑选。怎么挑选体育器材需要理性思维。选用体育器材存在着理性取舍的问题，对于任何一种产品，需要在购买商品时根据实际情况来取舍。

第一，固定资产与消耗品的区别。体育器材中，使用寿命长、更换周期长的为固定资产。它要求质量优、性能稳定、安全可靠。它可能是大型器材，也可能是小型设备，在采购时应优先考虑它的品牌、信誉和高效的售后服务。使用寿命短、更换周期快的体育器材为消耗品。它要求好用、经济、实惠。

第二，室内器材与室外器材的区别。室外比室内工作条件恶劣，选用的器材应具有防水、防晒、抗磨损、经久耐用的功能。室内器材应选择比室外器材质量更好的产品。

第三，练习器材与比赛器材的区别。练习器材由于练习次数多、损耗大，一般选用质量可靠价格适中的产品。比赛器材对产品的质量和稳定性要求较高，一般选择品牌好、外观美、质量优、使用顺手、符合规则的器材。

第四，产品的性价比。体育器材不是越便宜越好，也不是越昂贵质量就越好。挑选体育器材，一定要计算价格与正常使用的关系。

（4）体育器材的入库。器材采购的最后一个环节是验收、注册、入库。任何设备器材，采购回来后都应该及时验收、登记、入库，做到账物相符。这是器材管理必不可少的一个程序。入库之前，由器材管理人员对照采购清单，对品名、品牌、型号、价格、数量一一查验，准确无误后签字确认，并将器材一一登记。

第一，器材登记簿。在器材登记账簿上，利用活页账簿的特点，一张纸记录一种设备器材，把器材采购的时间、品牌、型号、价格、数量一一登记。它的优点是直观、好操作。

第二，电脑管理。利用器材专用管理软件登记设备器材是目前比较实用的一种管理方法。电脑管理的优点是账表齐全，可以根据需要随时检查和调用相关资料，便于管理和决策。

4. 体育器材的使用

（1）金属体育器材的管理。金属器材需要保养与维护以保证其长期保持正常状态，随时可以使用。防锈是金属器材必不可少的工作环节。

金属活动器材收回后，第一项工作就是清洁和防锈处理。有很多体育器材一年中使用的次数不多，随意摆放，不做任何处理，下次使用时就可能已经锈坏。如发令枪、高级跳高架、高级排球架、跨栏架、室内双杠等，使用后应及时做防锈处理，妥善保管。

金属固定器材，特别是室外金属固定器材，每两年要油漆一次，以保证金属器材不生锈，能长期使用。

（2）电气设备的管理。电气设备要有固定的地方存放，并保持正常的状态，保证随时可以使用。

第一，防尘。电器不用时，要及时断电、入库或覆盖，以防止灰尘的侵入。

第二，防霉，防电路不畅。电子产品长期闲置不用对电气设备极为不利。所以，对闲置的电气设备每个月通电 30 分钟以上非常必要：一是防止霉变，二是防止电路不畅。

第三，防腐蚀。电气设备应该放置在干燥、无污染的地方，防止腐蚀；带干电池的电气设备在不用时，必须及时拆卸干电池，以防电池穿孔漏液，腐蚀损坏电器。

（3）秒表的管理。在体育器材中，秒表是昂贵的，又属于精密仪器的范畴。怎样使用和保管秒表应有一套明确的使用规定。机械秒表结构复杂，维修费用高，电子秒表通常更具性价比。

5. 体育器材的管理队伍

高校体育场地管理队伍需要人员稳定、业务熟练，能够承担起全校体育器材管理的重要职责。为此，需要加强体育场地器材管理队伍的建设。

（1）管理人员应具备的条件。

第一，身体健康，思想成熟，性情稳定，体力充沛。

第二，能完全胜任体育场地管理的复杂性、场地器材保障的时效性和工作时间的不确定性。

第三，可以常驻高校，随叫随到。由于体育运动的特点，体育场馆使用时间长，要求管理人员在工作时间上能灵活控制，以保证高校体育活动的正常开展。

（2）管理人员的培训。

第一，熟悉工作环境。管理人员要熟悉工作任务及工作、生活环境，熟悉周围的情况。

第二，思想培训。向管理人员介绍工作的特点、性质、工作范围、注意事项和场地器材管理各岗位的职责。在具体工作上，主要是卫生、场地器材保障、器材的保养与维护等。还要向其介绍体育场馆各项管理制度，增强器材管理人员工作责任心，做好上岗前思想准备。

第三，岗位培训。培训的内容包括：①各种体育器材的特点与用途；②场地器材的保修维护；③体育场地的划分方法；④体育课程教学的各项保障工作；⑤每周周期性工作计划；⑥每天的工作程序及工作内容；⑦防火、防盗、节水、节电；⑧遇到紧急情况的应对办法等。

（3）管理人员的跟踪管理。体育场地器材管理人员也会面临各种突发情况。因此，有必要对管理人员进行长期的跟踪管理。要使他们能安心工作，必须在待遇、思想、生活、工作，甚至在他们的家庭问题上真心实意地关怀，及时发现和解决问题。

在体育场地管理方面，制度建设是一项长期而现实的工作。有了健全的规章制度，管理人员有章可循，有规可依，执法有理，违章可纠，能够有效保证正常的体育课程教学秩序，使高校体育场地器材高效、低耗、安全、方便地投入使用。

（二）体育经费的管理

高校体育经费管理是体育工作的基本组成部分，它关系到体育课程教学能否正常进行。怎样使用经费，充分发挥体育经费的作用，需要有效的管理。

高校体育经费管理分收支两方面。高校对学生进行体育课程教学的支出包括体育器材的投入、师资教材的投入、教学管理的投入等。除正常使用学校资金外，还可以利用现有的体育资源创收，包括对外开放体育场馆，挖掘体育师资潜力等。除此之外，建立健全规范化的管理制度，减少资产的人为与意外损失，杜绝资源的闲置与浪费，开源节流，是高校体育经费管理必须要考虑的。

高校体育经费的合理、高效使用是体育工作者必须关注的问题。遵循节约高效的经费管理理念是关键。考虑到体育教育的特性，高校可以充分利用现有的体育资源，包括体育场馆、器材、师资、代表队、学生和周边社区的体育爱好者。可通过创建体育俱乐部，实施招商引资、商业赞助、开馆办班、有偿服务、商业比赛、体育交流等多项经济开发活动。这种经营模式以体育为纽带，以需求为基础，以爱好者需求为导向，供需结合，合作开发，实现互惠互利。通过这种方式，可以提高高校体育场馆的使用率，增加收入，降低教学成本，并有效地将体育的经济效益和社会效益相结合，实现多方共赢。此外，高校体育场馆众多，一年用在水、电、器材添置和维护、场馆卫生和管理的费用方面也要加强管理，减少非自然消耗，增加经济效益。

第四章 高校体育课程教学模式的创新应用

第一节 高校体育慕课教学模式的创新应用

慕课是计算机网络技术迅速发展的产物，它具有大规模性、在线性、开放性、高效性等特点。正是因为如此，慕课在教育教学领域得到了广泛应用。近年来，体育慕课教学成为高校体育教学信息化改革的重点，也是体育教学信息化改革的重要方向。

一、慕课的认知

（一）慕课的内涵

慕课（Massive Open Online Courses，MOOC）即大规模开放在线课程，是"互联网＋教育"的产物，我们可以根据这四个单词的组合意义来理解慕课的内涵。

大规模（Massive）在慕课中主要强调的是在这一平台上注册学习的人数很多，同时也强调了注册人数不受限制。

开放（Open）在慕课中主要强调的是这一平台没有针对性，它面对的是全世界任何一个想要学习的人，同时提出了慕课这一平台对学生没有任何要求，只要想学习就可以在平台上注册学习。

在线（Online）主要强调的是利用计算机网络进行学习的一种方式，强调这一平台的网络性和在线性，强调学习者可以根据自己的时间来灵活安排自己的学习。

课程（Course）在慕课中主要强调的是一种课程学习资源，慕课整合了多种社交网络工具和多种形式的数字化资源，形成多元化的学习工具和丰富的课程资源。

（二）慕课的基本特征

慕课是信息技术迅速发展的产物，它在形成与发展过程中形成了独有的特征。

1．开放性

慕课作为大规模开放式在线课程，具有开放性的特征。关于慕课的开放性，我们可以从以下方面对其进行分析：

（1）教育教学理念的开放性。慕课平台注重平等性和民主性。同时，慕课平台上的课程资源是面向世界各地、各族人民的，没有任何人群的限制。除此之外，慕课平台提倡，只要想学习的人都可以在平台上进行注册学习。

（2）教学内容的开放性。慕课平台上包含大量的网络在线资源，且这些资源的内容是开放性的，没有时间和空间的限制。

（3）教育教学过程的开放性。讲授者与学生的上课、交流、测试、评价等都是在慕课平台上进行的，教育教学过程是开放的。

慕课的开放性有利于促进教育国际化的发展，有利于实现全球资源共享，也有利于世界各地学生树立终身学习的观念，更有利于促进教育公平化的进程。

2．大规模

慕课是大规模的在线课程。因此，大规模性也是慕课的主要特征。众所周知，传统教学是有人数限制的，而慕课教学则没有人数限制，同一课堂上学习的人数可以达到数百万。随着信息技术的发展，信息技术在教育教学中得到广泛的应用。教育信息化是教育发展的主要方向。而慕课作为不限制课堂学习人数的信息化平台，在教育教学领域日益受到重视。慕课是信息化时代的产物，慕课为世界各地的学生提供了信息化学习平台。在这一平台上，有来自世界各地数百万的学生在同一课堂进行学习，这体现了慕课的大规模性，这也是其他信息化平台无法比拟的。

3．优质性

与其他信息化平台相比，慕课具有内容优质的特征。因为，慕课平台上的课程资源都是世界各高校通过专门的技术团队进行合作开发、筛选、编辑、加工、整理、审核之后上传的。这些慕课资源不仅有代表性，还具有高质量性，这些都为慕课课程资源的优质性奠定了基础。

4. 自主性

自主性是一个内涵十分丰富的概念，不同的学者对其理解也不同。下面选取比较有代表性的观点进行具体分析。基于关联主义的慕课推崇者对慕课的自主性特征发表了自己的看法。具体而言，主要包括以下方面：

（1）自主性强调的是学生在慕课学习过程中自己设定目标，不强调事先设定目标。

（2）慕课学习中的主题是明确的。但是学生通过慕课平台学习的时间、学习的地点都是不确定的，同时学生的学习方式、学习效率、学习快慢等都是不受限制的，也就是说学生可以自己决定学习的时间和地点，也可以自己决定学习的方式。

（3）除了需要获取学分的学生以外，其他学生的课程考核方式都不是正式的。学生对自己在慕课平台上学习的预期和效果可以自行评判，并没有固定的、专门的或正式的考核方式。

由此可见，基于关联主义的慕课推崇者强调慕课学习是学生自己学习的过程，并且需要在学习过程中自行监督和调控。学生要结合慕课学习资源，根据自己的实际学习情况，选择合适的时间、地点对慕课上的资源进行学习。同时，学生根据自己的学习需求，有针对性地与他人讨论和交流，从而通过学习慕课资源来满足自己的学习需求。需要指出的是，慕课与翻转课堂相融合，有利于慕课作用的发挥，也有利于提高学生的学习自主性和主动性，从而不断提高学生的学习水平。

5. 技术性

技术性也是慕课的主要特征。慕课是信息技术高速发展的产物，与其他的网络公开课程不同，慕课并不是教材内容的简单搬移，而是充分利用信息技术的优势，实现讲授者和学生之间的在线交流与互动。实际上，慕课是将整个教学过程从线下搬到了线上，真正实现了在线课程教学。同时，慕课作为信息化平台，它主要采用短视频的形式进行在线教学。通常情况下，在每一堂课中，慕课所涉及的教学短视频时长是15分钟左右。在这些短视频中，不仅包括学习的课程内容，还包括一些客观题。学生要对这些客观题进行回答，慕课系统将对学生的回答进行评价，只有回答正确，学生才能在慕课平台上继续学习。

慕课不仅充分利用了信息技术，还将云计算平台融入其中，这样不仅丰富了课程资源，还促进了海量课程资源的全球共享。另外，慕课还融入了大数据技术，在一定程度上促进了个性化教学的发展。除此之外，慕课平台中的各个网站也是精心设计的，这些精美的网站设计不仅有利于提高学生学习的热情，还有利于提高学生的学习效率。

6．非结构性

慕课在内容安排上也独具特色。具体而言，慕课中涉及的内容都是一些碎片化的知识。这些碎片化的知识经过专业领域教育者的组合形成了形式多样的内容。这些内容也是比较灵活的，可以根据需要随时进行扩充。各个领域不同的教育者对不同学科知识进行处理，从而形成了内容集合。这个内容集合是慕课特有的，里面的知识可以进行再次重组，并利用慕课平台使这些知识彼此关联在一起。还需要指出的是，慕课课程标准的设立，有利于提高课程质量，也有利于提高学生的学习水平。

总之，慕课是一种信息化的教学模式，它不受课堂人数、时间和空间的限制，学生在慕课平台上学习具有很大的自由性，有利于调动学生学习的积极性。

7．以学为本

以学为本并不是慕课的表征特征，而是通过对慕课的系统分析，挖掘、归纳、总结出来的一种核心特征。以学为本强调的是以学生的学习为中心，也就是慕课上的信息和资源都要以学生为中心，为学生的学习提供丰富的资源。慕课融信息技术、云计算技术、大数据技术等计算机网络技术于一体，为世界各地想要学习的人提供了丰富的资源，打破了传统教学模式的时空限制，有利于世界各地的学生根据自己的实际学习情况和需要，随时随地进行学习，从而获得自己想要学习的知识。

二、高校体育慕课教学模式的优势

（一）促进体育教育的公平

在体育慕课教学模式中，世界范围内的学生都可以根据自己的学习情况自主选择学习时间和地点。慕课在高体育教学中的应用，突破了地域经济差异，丰富了教学资源，扩大了学生容量，从而使不同地域、不同职业、不同年龄、不同学历的学生都可以自主学习。可以说，慕课这种开放性的学习模式，为想要学习的学生提供了学习的平台，有利于提高体育教育的覆盖率。

另外，学生也可以根据自己的兴趣、特长等进行体育精品课程的学习。在学习体育课程过程中，学生如果遇到了问题，可以借助慕课平台与教师、同伴进行交流和互动，从而主动地构建知识，改变被动接受知识的局面。总之，在慕课体育教学模式的影响下，教师不再是主导者，学生成为学习的主体。同时教师和学生形成了一种平等、和谐的师生关系。另外，慕课体育教学模式为学生提供了公平的学习机会和受教育机会，有利于促进体育教育公平。

（二）优化整合体育教学资源

传统的体育教学模式教学资源单一，已经不能适应现代体育教学的发展。将慕课融入体育教学模式，有利于教学资源的丰富和优化。基于慕课的体育教学模式不会固守体育教学风格和专业设置，而是充分利用信息技术和网络技术，集多人、多校优质教学资源于一体。

同时，慕课平台上的教学资源在内容上具有开放性、在管理上具有智能性。基于慕课的体育教育模式弥补了传统体育教学模式的不足，在体育教学中发挥着重要的作用。

（三）使体育教学课程更加鲜活

体育慕课教学模式充分利用信息技术、云计算技术、大数据技术等先进的网络技术，将枯燥、艰涩的体育理论知识以信息化的形式呈现出来。这种信息化的形式避免了理论知识的艰涩难懂，从而使体育教学更加鲜活。体育慕课教学视频可以在一个15分钟左右的课程中集中讲解某一体育技术问题或者体育理论知识，还可以在教学中设置一些师生互动活动，这种互动性的活动有利于激发学生学习体育的兴趣。学生通过慕课学习可以将碰到的问题或困难在互动交流平台上向教师提出，教师则可以及时给予相应的解答。此外，学生还可以随时了解和调整学习进度，这种新型学习方式有助于使得原本相对枯燥乏味的体育理论知识变得更加生动有趣，从而极大地提升学生的学习欲望和主动性。

（四）推动体育学习过程的个性化

体育慕课教学模式蕴含着丰富的开放式教育资源，有利于学生随时随地进行学习，优化学生获取知识的途径。慕课课程资源具有优质性的特点，这些优质的课程资源有利于吸引更多的学生来平台注册学习。同时，体育慕课教学模式注重学生创新能力的培养，重视学生的个性化发展。众所周知，不同的体育教师具有不同的知识结构、教学经验，因此，即使面对同一个教学内容，不同的体育教师也有着不同的理解和表达。这有利于避免教学内容和教学过程的千篇一律，有利于促进学生的个性化发展，还有利于学生根据自己的实际情况科学地选择体育课程内容。

另外，除了学校教材要求学生学习和掌握的内容外，学生还可以充分利用慕课平台，根据自己的特长和兴趣，结合自己的时间，自主选择学习内容，体验运动的乐趣，促进学生的个性化发展。

（五）培养学生自主体育学习意识

体育慕课教育模式注重先学后教，这种理念为新的学习方式的开展提供了保障。在慕课平台上，学生通过短视频先学习体育理论知识，然后教师再在课堂教学中对体育动作进行讲解和示范。学生经历了这种新型教学模式带来的教学方式的变化，教师在实施自主学习、合作学习和探究学习时就会顺利很多。

由此可见，体育慕课教学模式的主要特征是先学后教。这有利于学生充分发挥自身的主观能动性，有利于学生自主学习意识和自主学习能力的提高。在体育慕课教学模式的影响下，学生也养成了自主学习的习惯，这种学习方式有利于学生以后的学习和发展，有利于学生树立终身学习的观念，利于全面提高学生的综合能力，这是传统体育教学模式难以实现的。

（六）提升体育教学质量与教学效率

随着信息技术的发展，传统体育教学模式的弊端日益凸显，在一定程度上限制了体育教学质量和效率的提高，同时也在很大程度上制约了体育教学的发展。而体育慕课教学模式可以有效解决传统教学模式中存在的各种问题，具体分析如下：

第一，有利于学生形成清晰的动作概念。体育慕课教学模式可以将一些连贯的、复杂的动作制作成短视频，并通过图片、文字、声音、图像等方式将这些连贯的、复杂的动作呈现出来，这样学生可以通过短视频更加直观地学习这些复杂的动作。具体而言，学生可以根据自己的实际学习情况，自己控制观看短视频的进度，遇到某一难理解的动作时，学生可以利用短视频的暂停、回放等功能来对这些动作进行回看，这样有利于学生形成清晰的动作概念，有利于正确理解动作要领，有利于全面地学习和掌握体育运动动作。

第二，有利于学生一对一在线学习。众所周知，慕课的主要特征之一就是大规模性，同一课堂上学习的人数达到数百万。但体育慕课教学模式强调在线学习，数百万的人都是在慕课平台上进行在线学习。实际上，这种在线学习很大程度上是一对一学习，这样有利于学生的自主学习，有利于弥补大班授课的不足，有利于对学生的学习进行监督和管理。

第三，打破了传统教学模式时间和空间的限制。体育慕课教学模式不受时间和空间的限制，也不受光线、天气等其他因素的制约，学生可以随时随地进行学习。

传统体育教学模式容易受外在环境的影响和制约，这在很大程度上影响了体育教学质量和效率的提高。而体育慕课教学模式避免了这些外在环境因素的影响，可以不受时空的限制，有利于提升体育教学的质量和效率。

（七）推动终身体育学习理念的养成

慕课在体育教学中发挥着至关重要的作用，也是现代体育教学发展的重要方向。随着慕课的发展以及体育教学改革的不断推进，慕课对体育教学的影响也越来越大，慕课也将会不断应用于体育技能教学、体育实践等多个方面。同时，慕课融多种学科于一体，学生可以根据自己的学习情况和学习需要，自主学习、自主监督、自主调控，并不断与教师和其他具有相同兴趣、特长的学生进行交流和互动，从而不断学习、不断提高，进而促进终身体育学习的发展。

（八）节约体育教育成本，缓解师资压力

慕课平台以信息技术和网络技术为载体，它集多种开放性、优质性教学资源于一体。慕课平台上的教学资源可以无限制地被学生使用和学习，这样不仅提高了体育课程资源的利用率，还降低了体育课程资源开发的成本。由此可见，慕课融入体育教学，能够在很大程度上节约体育教育成本。

随着高校的不断扩招，学生人数不断增加，教学任务也在不断增加，体育师资已无法满足当前高校体育教学以及学生的需求。体育教师面临着繁重的教学压力，同时体育师资力量不足的问题日益凸显。

将慕课应用于体育教学中，能够有效解决体育师资力量不足的问题，也能够缓解体育教师的教学压力。教师可以通过慕课平台上的相关数据了解学生的学习

情况以及教学质量和教学效果。教师借助慕课平台来获得反馈信息，这样教师也可以有更多的精力进行教学设计、方案规划、活动组织、课后辅导等。

三、高校体育慕课问题教学模式的构建

（一）高校体育慕课问题教学模式的特点

1. 以学生为教学过程的中心和主体

问题教学模式注重学生的主体地位，以学生为教学的中心。在这一教学模式中，学生不再被动地接受知识，而是积极主动地学习知识、建构知识，并利用自己已有的知识来解决实际问题。可见，问题教学模式注重"以学生为本"的理念，注重学生自主学习能力的培养，有利于激发学生学习的兴趣，提高学生的探索欲望。另外，在问题教学模式中，教师也不再是权威者，而是指导者、陪同者、设计者。教师在具体教学实践中，可以根据学生的具体学习情况为学生提供丰富而翔实的学习资料，设计符合学生实际学习的问题，并指导学生不断学习和探索，从而用所学知识解决相关问题。

2. 从现实生活中提炼问题

问题教学模式不能脱离现实问题。众所周知，问题是这一模式的中心，问题的现实性是这一模式的基本要求。因此，在问题教学模式中，教育者要保证问题的现实性和挑战性。只有从现实生活中提炼问题，才能调动学生学习的积极性，也才能培养学生解决实际问题的能力。问题教学模式要在以学生为中心的基础上，将问题与学生的实际生活相联系，保证问题设计的现实性。

3. 重视多样化的合作学习

合作学习在当今社会中起着重要的作用。在体育教学中，教师也应该将合作学习与体育教学有机结合。合作学习有利于提高教学效果，有利于提高学生的学习成绩，也有利于提高学生的合作能力，从而促进学生的全面发展。

问题教学模式注重学生的合作学习。众所周知，不同的学生对不同的问题有着不同的思考，通过合作学习，学生之间可以交流自己对问题的看法，这样有利于学生了解不同的解题思路，有利于提高学生的合作能力和沟通能力。除此之外，学生还可以在合作学习中体验不同的角色，以促进学生的全面发展。

4. 教师角色得到重构

在传统教学模式中，教师是知识的传授者，是教学的权威，教师在教学中起着主导者的作用，学生只能被动地接受知识。而在问题教学模式中，教师主要起着引导或指导的作用，即引导学生探究问题和解决问题。教师的角色发生了一定的变化。教师不再是知识的传授者和教学的权威，而是教学的设计者、组织者、指导者、促进者。在问题教学模式中，教师应该明确自己的作用，也要根据教学需要不断转变自己的角色，提高体育教学的综合能力，从而为学生创设更加真实的问题情境，进而能够在学生学习过程中给予正确的指导。

（二）高校体育慕课问题教学模式的构建要素

基于问题教学模式的体育慕课建构，强调的是将慕课模式、问题教学模式融入到体育课程建设中，实现三者的有机统一。具体而言，就是确立体育课程建设的目标，注重问题情境的创设，借助慕课这一新的模式，形成体育课程—问题教学—慕课平台的体育教学综合体系，实现教师与学生、问题与慕课的有效融合，最终促进学生在教师的指导下积极探讨问题，主动合作学习，从而不断提高自己的学习效率。

基于问题教学模式的体育慕课建构，旨在激发学生学习体育课程的兴趣，调动学生学习体育课程的积极性，并通过问题式、慕课模式等多种手段使学生明确体育课程的重要性，并深入理解体育课程。同时，教师还应该鼓励学生合作学习，不断提高合作能力。可见，基于问题教学的体育课程建构在体育教学中起着重要的作用，其包含的要素如下：

第一，问题情境。运用问题教学模式不能忽略问题情境的创设。问题情境是问题教学模式的体育慕课建构不可缺少的要素。教师应该根据学生学习的实际情况，结合体育课程的教学目标，科学合理地设计符合学生需要、满足教学目标的问题情境。

第二，学习小组。问题教学模式注重小组学习。在小组学习过程中，学生有机会针对问题表达自己的观点，同时积极倾听他人的看法。这种互动使得学生之间通过讨论和合作共同探讨问题，最终协力解决难题。这种合作学习方法鼓励学生相互交流和分享知识，从中受益，并培养学生团队合作和问题解决的技能。可见，学习小组有利于学生合作和交流，有利于打破传统教学的局限，同时也会影响学生学习的效果。因此，教师应该全面了解学生的实际情况，综合考虑各种因素，科学合理地进行分组，从而使学生能够在小组学习中优势互补，勇于发表自己的看法，进而通过探讨来解决问题。

第三，指导教师。教师在问题教学模式中不再是主导者，而是起着指导的作用。教师的角色发生了很大的变化，教师是资料的提供者、资源的开发者、教学的设计者和指导者、问题情境的创设者等。基于问题教学模式的体育慕课教学，要求教师必须积极转变自己的角色，积极建构自己的知识体系，主动更新自己的体育教学技能，树立创新意识和观念，不断开发新的体育慕课课程，从而在问题教学模式中给予学生科学的指导。

第四，学习资源。学习资源也是基于问题教学模式的体育慕课教学不可缺少的要素。学习资源的提供者通常是教师。在问题导向的教学中，教师会设计一些具有挑战性的问题情境，鼓励学生通过自主思考和合作学习来解决这些问题。这种教学方法鼓励学生积极参与、思考和合作，以发展他们的问题解决能力和创造性思维。学生通过探讨和协作，能够更深刻地理解问题的本质，培养解决实际问题的能力。这种教学方法强调学生的主动参与，提高他们的学习动力和深度。可见，优质学习资源有利于学生学习知识，有利于学生探索问题、解决问题。除此之外，优质学习资源还会对学生的学习效率和学习效果产生很大的影响，因此，教师应该为学生提供优质的学习资源。

第五，学习平台。传统教学模式注重师生之间面对面式的交流，而问题教学模式注重师生之间网络平台的沟通和互动，实现了教学与学习在时间上的分离，这种新的教学模式有利于提高师生的主动性和积极性，也有利于学生不受时间和空间的限制，主动学习和构建知识。

在问题导向的教学模式中，学习平台的建设是师生交流的基础，也是体育慕课教学的关键。一个卓越的学习平台有助于教师和学生之间随时随地进行沟通和交流，克服了时间和地点的限制，提高了学习效率。此外，它还有助于培养学生的自主学习和合作学习能力。这种学习平台的建设提供了多样化的学习资源，为学生提供了更多的学习途径，鼓励他们主动探究和合作解决问题。通过这个平台，教师可以为学生提供资源和指导，学生则可以在这个环境中自主学习、讨论和合作，从而更好地理解和解决问题。这种互动性和灵活性有助于提高学生的综合能力，使他们更好地适应未来的学习和工作挑战。

（三）高校体育慕课问题教学模式的构建程序

1. 选择体育课程内容

体育课程与其他学科课程不同，它注重练习和训练。正是因为这种特殊性，有一些体育课程不能利用慕课方式进行建设。因此，在体育慕课建构中首先应该选择合适的课程内容。体育专业知识的讲解可以利用慕课方式。此外，一些较为复杂的、有一定难度和危险系数的体育训练内容也适合利用慕课的方式来讲解。教师在制作这类体育课程视频时，可以将这些复杂的、有一定难度的动作进行分解。学生可以通过慕课学习，了解和学习这些动作。如果在学习过程中学生没有掌握这些动作，则可以反复观看这些动作，从而更好地理解和掌握这些复杂的动作。因此，科学选择课程内容对慕课的开发和利用具有重要的意义。另外，要想对课程内容进行科学合理的选择，就需要有经验的体育教师队伍。只有保证课程内容选择的科学性和合理性，才能充分发挥慕课的作用，促进体育教学目标的实现。

2. 体育问题情境创设

在合理选择课程内容之后，就应该进行问题情境的创设。慕课涉及的视频通常在 15 分钟左右。教师应该将体育课程的重点、难点融入到慕课视频制作中。同时，教师还可以融入一些有代表性的真实案例。这样有利于学生加深对体育动作的印象，有利于学生更好地理解动作和运用动作。另外，教师必须在了解学生实际学习情况和学习需要的基础上进行问题情境创设，只有这样才能激发学生学习的兴趣，提高学生学习的主动性，从而提高学生学习的效果。可见，问题情境创设不仅是影响体育慕课的要素，还是慕课建构的必要环节，教师应该创设科学的问题情境，从而促进学生的全面发展。

3. 制作体育课程视频

优质的课程视频是慕课实施的重要保障。制作视频的方式有很多，制作者要根据教学目标，结合学生学习的实际情况，选择合适的方式来制作慕课视频。需要指出的是，慕课视频涉及的资源和信息是丰富的和系统的，需要多个有经验的专业教师一起制作，这样才能保证慕课视频的优质性。

4．选择学习指导策略

慕课注重学生的自主学习和合作学习，以学生为中心。尽管这样，并不意味着学生的学习不需要教师的指导。具体而言：①教师要使学生明确学习的目标，并将学生学习中遇到的问题转化为学生学习的目标；②避免学生的学习误入歧途，跟踪学生的学习，及时纠正学生的错误，使学生按照正确的学习方向努力前进；③引导学生如何获取资源，如何选择资源，如何判断资源，如何根据自己的需求查找所学资源，如何利用资源来解决学习中的问题，从而实现学习目标；④激发学生学习的兴趣，调动学生学习的积极性，使学生树立终身学习的观念，不断提高学生的学习技能。此外，还需要指出的是，这些策略的实施都不是直接的，而是间接的。因此，教师要充分利用引导、启发、激励等指导策略，根据学生的学习情况提出恰当的问题，从而引导学生思考和解决问题。

5．上传体育课程视频

教师需要将制作好的慕课视频上传到慕课平台上，这样学生可以在慕课平台上选择适合自己的资源进行学习。

（四）高校体育慕课问题教学模式的实施流程

基于问题教学模式的体育慕课，无论是在建构内容、建构程序还是在实施过程中，都是将体育问题教学和体育慕课课程有效融合，不断建构和完善问题教学下的体育慕课教学体系。基于问题教学模式的体育慕课的实施流程如下：

第一，创建学习小组。问题教学下的体育慕课注重学习小组的创建。因此，教师在实施体育慕课之前，应该根据教学目标，结合学生的具体学习情况，将学生分成不同的学习小组。每个小组内的学生可以共同交流和讨论，从而取长补短，共同进步。

第二，多方面分析问题。每个小组都应该积极思考和分析问题。在这一过程中，每个小组应该充分利用教师提供的学习资源，根据具体的问题情境，在慕课平台上进行交流和探讨。同时，每个小组内的成员都可以发表自己对问题的看法，从而拓宽问题解决的思路。这样有利于学生激活大脑中的已有知识，有利于学生更深入地理解问题。

第三，提出解决问题的可能途径。小组内的成员都可以针对问题进行讨论和交流，并勇于发表自己的看法，表达自己的解决思路。在对组内成员的观点进行归纳、总结之后，就可以有条理地分析问题，进而找到解决问题的方法。

第四，组间成果展示。学习小组可以将自己的解题途径通过慕课平台展示出来。成果展示的方式有很多，例如小组代表发言来表达解决问题的途径；通过上传视频来展示问题的解决途径。同时，小组间的成果展示对全班学生都是可见的，全班学生可以根据不同的小组成果进行学习、交流和讨论。

第五，教师指导总结和反思。问题解决之后并不意味着学习的结束。教师还应该指导学生继续总结和反思。具体而言，教师应该指导学生总结解决问题的方法和策略，总结解决问题过程中存在的问题，使学生学会举一反三，对相关问题进行深入分析和思考。同时，学生还可以正确认识自己的错误，对解决问题过程中存在的一些错误、失误等现象进行反思和改正。这样学生在总结和反思过程中，不仅可以提高自身解决问题的能力，还可以提高自身的迁移能力，更有利于提高综合学习能力。

四、高校体育慕课教学模式的应用策略

（一）转变教学观念

1. 单一办学主体向国际化联盟式办学主体转变

传统高校办学模式比较单一，绝大多数都是单一办学主体进行办学。而随着慕课在高校教育教学中的应用，高校办学模式也逐渐向多个高校联盟办学的模式转变。慕课平台的出现并不是单一高校独自开发的结果，而是多个高校多个优秀教育专家联合共同开发和建设的结果。可见，传统的单一办学模式并不能适应当今信息化时代的发展，如果高校不及时转变办学观念，就会被时代所淘汰，也不利于国际化人才的培养。因此，高校应该意识到慕课平台建设需要国际化视野，并在具体实践中，充分吸收世界各国的优秀办学经验，改变单一的办学模式，将办学视野扩大到国际范围，从而实现国际化联盟式办学模式。

2. 个体学习模式向团队学习与个性学习相结合模式转变

在传统体育教学中，学生的学习模式是被动的、单一化的，不利于学生团队学习，也不利于学生个性化发展。要想改变传统的个体化学习模式，高校应该将慕课应用于教学中，充分发挥慕课教学的优势，创新教学方法和策略，开发丰富的学习资源，提倡学生间、师生间、群体间、国家间的大规模集成化学习。同时，

高校还应该采取多种手段和策略来鼓励和引导学生发展个性，从而真正实现学习模式的团队学习和个体化学习。

（二）制作特色课程

在体育慕课教学中，高校要注重专业团队的培养，从多个层面打造体育核心课程，并充分利用慕课平台实现体育资源的全球共享，从而吸引世界上更多的学生进行体育特色课程和优质课程的学习。

除此之外，高校还要注重体育非核心课程建设。这是当今时代一专多能人才培养的要求。因此，我国高校应该充分利用慕课这一信息化平台，将世界上优质的体育课程资源融入到本校慕课平台中，这样有利于拓展学生学习的范围，有利于激发学生学习的兴趣，提高学生的自主学习能力，从而为一专多能人才的培养奠定基础。

（三）丰富课程资源

高校实施慕课教学有利于满足不足学生的个性化需求。因此，在制作慕课视频时，教师要充分考虑到学生的需求，打造出可以满足不同学生需求的丰富的慕课课程资源，形成适合高校教学实际的特色资源库。

（四）开发精品课程

第一，完善体育类国家精品资源共享课中体育专业课程的建设。高校要加强对慕课与传统体育结合的课程资源建设，申报一些精品课程建设项目，从而不断完善体育专业课中的精品课程资源。

第二，改善体育类国家精品开放课的视频内容，加强课程视频的后期制作。体育类国家精品课程是十分优质的课程，但也可能存在一些有待完善的地方，例如，将视频内容的知识点进行展示，并且加入不同动作的示范画面，还可以将重点内容进行着重提示，等等。

第三，开发体育类国家精品开放课程平台的多元化功能。在平台上可以增加一些答疑解惑的版面或者师生交流的模块。这样可以使学生在遇到不懂的问题时及时向教师咨询，并且学生之间也可以就视频的理解互相进行探讨。另外，还可以在平台上设置一个建议模块，让使用这个平台的人有好的建议时可以提交上去，从而使平台不断完善。

（五）改革教学方法

由于慕课是开放性很强的一种教学方式，因此慕课教学也有着比较多的选择性。慕课平台可以很好地将课程共享给世界各地的人，并且世界各地的人也可以将慕课视频上传到慕课平台，使得慕课平台上的课程资源越来越丰富。因此，教师可以从慕课平台上找到同一个知识点的很多个慕课视频，他们可以选择适合自己的慕课资源，分享给自己的学生。

教学方法对教学效果的影响非常大，为了保证教学效果，体育教师可以适当调整教学方法。教学方法使用恰当，可以充分激发学生的学习兴趣，调动学生学习的积极性和主动性，从而使学生更好地将知识内化。慕课教学模式就是很好的一种教学方式，高校体育教学可以充分借鉴这种教学模式，从而提高体育教学的效果。

（六）加大宣传力度

加大慕课宣传的力度可以利用网络平台、学校平台、教师等。除此之外，慕课平台还可以借助自我营销的方式，吸引更多的人注册慕课并进行学习。

在加大慕课宣传力度的同时，还应该注重慕课中优质资源的共享，从而使世界上更多的人能够根据自己的特长、兴趣，科学选择适合自己的课程，以满足自己的学习需求。

总之，加大慕课宣传力度有利于更多的人了解慕课，使用慕课，有利于促进优质资源共享，促进教育的国际化发展，实现教育公平。

第二节　高校体育微课教学模式的创新应用

一、微课及其分类

（一）微课的概念界定

教育部教育管理中心的相关正式文件中明确规定，微课即微型视频课程。由此可见微课也是一种课程，它在教学中采用的呈现方式主要是教学视频。在微课教学中，教师通常都会围绕一定的知识点展开讨论，结合微课视频开展一系列教学活动。从广义的视角进行分析，微课就是一种解说或者一种演示，这种演说或者演示是围绕某个主题的知识点展开，同时微课视频通常都比较简短，因而人们可以突破时空的限制在线开展碎片化学习；从狭义的视角进行分析，微课设计的主要目的是满足学生的实际学习需求。微课是以微课视频为主要载体的信息化教学活动。每个学生都是独立的个体，学生个体之间存在个体差异，因而学习需求也有所不同。而微课以其丰富的资源，可以满足学生个性化的学习需求。需要强调的是，"微课"和"微视频"是两个不同的概念，二者之间有一定的差异。具体而言，微课包含很多部分，如微视频、微课件、微练习等，因而可以说，微视频是微课的一部分，并不是微课的全部。

（二）微课的基本特征

微课和传统的教学方式相比，具有很多显著的特征，主要包括如下五个方面：

1. 主题明确

教师在教学实践中应用微课的主要目的就是解决很多传统教学模式在课堂中无法解决的教学难题，例如，教学的知识点复杂且缺乏一定的逻辑性、教学的重点和难点不突出等问题。

一般情况下，教师在制作微课视频时，他们都已经有了明确的主题，教师制作的微课都是围绕着教学中的重点知识或者难点知识展开的，这样微课教学就能够有鲜明的主题，易于学生理解，帮助学生理清学习思路，使学生轻松地掌握教学中的重难点。

2. 弹性便捷

在我国传统的教学模式中，课堂教学时间一般都是固定的，即每节课一般规定为 45 分钟。在微课教学中，微课视频的时间一般都比较短，只有 5～10 分钟的时间，因而年龄比较小的学生在学习微课视频时比较容易集中注意力，不容易分心，而且这些短小的视频也很容易吸引学生的注意力，激发学生的学习兴趣。此外，微课资源易于下载和储存，学生只需要有移动设备就可以随时随地开展学习活动，使学习具有极大的灵活性。

3. 资源共享

在互联网时代，网络为人们的生活提供了很多便利，它的显著优点就是网络可以实现资源的共享。由于微课教学依托于先进的网络技术，因而微课也可以实现资源的共享。

微课教学还可以为教师和学生提供一个网络信息交流的平台，当教学结束之后，教师可以把相关的教学视频上传到网络上，从而供其他教师和学生学习借鉴。这也有利于教师之间切磋和学习，促进教师专业发展。

4. 多元真实

微课的多元特点主要是指微课的资源形式非常丰富，它不仅包括视频形式的微课资源，还包括微教案、微课件等教学资源。和我国传统的课堂教学模式相比较，微课这种多样化的教学资源可以提升学生的学习兴趣，使教师的教学更加精彩。

微课的真实性特点主要是指教师在选择微课的场景时通常都会选择和所学专业相关的场景，如体育教师通常会选择高校的体育馆等场所来录制微课视频，又如化学教师通常会选择专业的化学实验室来录制微课视频，这样能够体现出微课的真实性。

5. 实践生动

由于微课开发的主体是广大一线教师，加之微课开发的本身就是以高校的教学资源、教师的教学与学生的学习为基础的，越来越多的高校通过微课这种新的学习方式进行探索研究，挖掘本校的微课建设，本身就具有很强的实践性。

在实践的过程中，需要注意微课的表达方式，生动活泼不仅体现在精美的画面、动听的音乐以及明确的主题上，还体现在精心设计的流程及其相应的互动方式上。

（三）微课的教学前提

1. 具备自学能力

在微课教学中，学生必须具备较强的自学能力才能顺利地完成教师提前布置的学习任务，这就要求每个学生不断提升自身的自学能力。对学生而言，其自学能力的提升和很多因素有关系，学生不仅要端正学习态度，还要加强自身专注力的训练，并排除很多消极因素的影响。

在微课教学中，教师可以从三个方面来培养学生的自学能力：第一，教师要在教学中采用多样化的措施来提升学生的学习兴趣，学生只有对学习充满兴趣，他们才愿意投入到体育的学习中去，他们才愿意花费时间以及精力来学习体育；第二，教师在教学中要多多鼓励学生，要多给予学生一些积极的评价，从而使每个学生都能够对自己充满信心，自信心对于学生而言非常重要，它能够让学生不断认可自我，这也可能成为学生不断进步的动力；第三，体育教师要和学生之间建立一种十分融洽、和谐的师生关系，这样在微课教学中，教师和学生处于一种平等的地位，有利于学生在愉快的学习环境中学习体育知识，锻炼各项技能。

总之，教师应该在潜移默化中培养学生的自学能力，从而为微课的教学做好准备。

2. 运用科学理念

基于信息化技术，各行业都开始了不同的变革，教育领域也是如此。信息技术的支持，使我国的教育发展走上了快车道，各种信息技术应用在教育教学中，极大地提高了教育教学质量。

我国已经制定了一系列政策，旨在推动信息技术在教育教学中的应用。这些政策要求我们不仅要完善数字教育资源，还要深度融信息技术于教学之中，推动教育教学的创新。信息技术为教育和学习创造了更广泛的空间，使教育不再受限于时间和地点。教师和学生之间的联系也不再局限于传统的课堂教学，而可以通过远程教学和网络协作教学等方式进行互动。这些多样化的教学方式提高了教育和教学的效率。在信息化的教学环境中，教师可以在线指导学生，学生也可以独立学习并在有疑问时寻求教师的帮助，从而解决了教学中师生之间的不同步问题。此外，学生可以随时随地进行移动学习，更好地利用碎片化时间。

在微课模式下，教学变得更为简单。对于学生来说，其可以根据自己的步调进行学习，这样转了自己的学习状态，化被动为主动。在此种背景下，学生学习的主动性就会得到发挥，从而开展自主学习，提高自信心。由于微课时长较短，因此占据的内存就比较少，下载只需要花费很少的流量，方便了学生在移动设备上观看和下载学习。

微课视频还具有随时观看和暂停、随时快进和后退等功能，这些都为学生的学习提供了很大的方便。学生观看微课视频之后，如果不理解，还可以反复观看，当看到有兴趣的内容时也可以再次观看。微课打破了传统教学模式的限制，将各种优秀教师的教学课件、教学视频集中到微课平台上，使学生能够轻松地获得优质的学习资源，感受名师的教学课堂。微课拓宽了学生的学习渠道，丰富了教学资源，有助于学生掌握多元知识。这种微课视频学习方式带来的教学和学习变革是历史性的，也符合我国信息化教学发展的要求。微课真正将信息技术与教育教学结合起来，培养了学生自主学习的能力。

总之，微课借助现代信息技术实现了教育的信息化，这一新兴的教学方式极大程度上激发了学生的学习兴趣。同时，它也为教师减轻了教学负担，让他们可以把更多的精力投入到教育研究上，而不是繁重的教学材料制作工作。因此，微课教学具有方泛的发展空间。

3. 借助信息技术

信息革命浪潮的兴起，推动了全球互联网的普及，使世界各地的人们更加容易实时交流。与此同时，信息技术的发展也催生了其他技术变革，对社会发展产生了深远的影响。现代社会已经转变为信息化社会，各个领域都在积极探索如何运用信息技术进行革新。信息技术的迅速发展对社会提出了挑战，也对各行各业提出了更高的要求。在这一社会转型时期，人们需要调整观念，重新审视教育体系，创新教学模式，并深入思考如何充分利用信息技术，将其作为推动教育改革的关键力量。

信息技术对教育的变革体现在很多方面，一方面，它改变了人们的学习习惯与学习方式；另一方面，它改变了高校长期以来固有的教学模式。鉴于此，高校也要转变既有观念，重新审视信息技术在教学中的重要性，要适当引入信息技术，使其可以在教学变革中发挥重要作用。新型教学模式的实施离不开多功能教室的支持。借助信息技术，教师能够根据教学需要创建各种不同的教学场景。当教师利用信息技术向学生呈现教学内容时，多样化的展示方式显然会增进学生对知识的深入理解，从而有助于顺利进行课程教学。

（四）微课的类别划分

微课的类型划分并没有统一的标准。按照不同的标准，微课可以有不同的分类方法，每种分类方法又可划分出不同的微课类型。

1. 依据用户与功能划分

依据用户与功能进行划分，微课主要有以下类型：

（1）学生学习微课。学生学习微课主要的用户是学生，一般是通过录屏软件，将各学科的知识点讲解录制下来，每个知识点大概在 10 分钟。这样学生可以根据自己的学习情况，选择自己需要的微课视频来学习。这类微课是翻转课堂教学的重要组成部分，是微课建设的主流方向。

（2）教师发展微课。教师发展微课主要的用户是教师，这种微课包含的主要内容是教学理念、教学方法、教学评价机制等，主要是对教师的教学技能进行培训，也是教师设计教学任务的模板。教师发展微课可用于教育研究活动、高校教师培训、教师网络研修等，这样可以提升教师的教育教学能力，改善教师的工作方式，促进教师的专业发展。

2. 依据教学方向划分

依据教学方向进行划分，微课主要有以下类型：

（1）讲述型微课。讲述型微课是一种通过口头传输的方式来教学的微课类型，教师在课堂上主要对重点和难点知识进行讲述。

（2）答疑型微课。答疑型微课是通过对学科中存在的一些疑点进行分析，然后获得答案来进行授课的类型。

（3）解题型微课。解题型微课是通过对一些典型的例题进行解析，来对其中的知识点进行教学的类型。

（4）实验型微课。实验型微课对自然学科比较适用，例如生物、化学、物理等学科，通过实验步骤来学习其中的知识。

3. 依据录制方式划分

依据录制方式进行划分，微课主要有以下类型：

（1）摄制型微课。摄制型微课是通过电子设备如录像机、摄像机等来录制课件的方式，可以将课堂上教师讲解的一些知识摄制下来，形成教学视频。

（2）软件合成式微课。软件合成式微课是指事先制作好教学视频和图画，然后根据微课的设计脚本，导入不同的内容，通过重组形成一个完整且系统的微课视频。

（3）录屏型微课。录屏型微课是通过使用录屏软件来录制微课视频的一种方式，如可以使用PPT、Word、画图工具软件等将教学内容整理出来，然后在电脑上讲解，在讲解的同时使用计算机上的录屏设备进行录制，可以将声音、文字、图画等内容收录进来，经过进一步制作之后就形成了微课视频。

（4）混合式微课。混合式微课包含以上几种类型，将之混合使用就成为混合式微课。

上述提及的微课视频类型都是初级资料，要成为可以教学的微课视频还需要通过后期制作。

二、高校体育教学中开展微课教学的价值与可行性

（一）高校体育教学中开展微课教学的价值

1. 促进教学模式的创新

对高校教育来说，微课是一项十分宝贵的教学资源，同时它也为高校的教育教学改革奠定了重要的基础。"体育微课主题突出、目标明确、短小精悍、以视频为表现形式的质性特点能满足学生体育学习的个性化需求。"[①] 微课的价值和意义是深远的，它不仅对学生的学习产生很大的影响，还会对教师的教学产生很大的影响，同时微课还有利于教师的专业发展。在我国一直实施的教学改革中，微课也是重要的组成部分。

目前，随着信息技术的快速发展，已经有各级各类高校开始尝试在线教育，尤其在特殊情况下，在线教育成为高校教育重要的补充方式。在人们的日常生活中有很多场合运用了在线教育，如寒假或者暑假时间，学生利用在线教育完成教师安排和布置的教学任务。在具体的在线教育实践中，微课成为重要的学习资源，微课的优点很多，它的内容重点突出，它的时间一般比较短，能够快速吸引学生的注意力，等等。微课的这些优点使其成为在线教育重要的学习资源。对教师而言，教师如果从网络中下载教学视频资源，往往需要花费大量的时间和精力来处理这些教学视频资源，而利用微课开展教学，则可以省去处理的时间，因为微课往往是经过系统处理的较完善的课程资源，知识点清晰，易于教师使用。

2. 影响教师的专业发展

通常情况下，教师在教学实践中主要通过与其他教育同行交流学习，汲取宝贵的教学经验。然而，在高校等机构，教师数量相对有限，可供学习和参考的同行也不多。而开展微课教学可以帮助教师扩展他们的社交圈，使他们能够与众多优秀的教育同行互动，学习他们的教学经验，反思自己的教学方法和过程，以不断改进自身的教学水平。不同教师在交流和讨论微课资源时也能够汲取其他教师

---

① 邱伯聪. 体育微课的质性、制作与建议 [J]. 教学与管理，2015（34）：57.

的智慧和经验。这种交流和合作有助于教师的专业成长和发展。

3. 改变校外教育的形式

随着信息技术的快速发展，我国涌现出了很多开展在线教育的企业，其中有一些企业最初是开展线下课外教育，后来进一步开展线上教育，还有一些企业直接就是开展面对学生的在线教育。虽然这些在线教育企业的发展步伐并不一致，但是它们都在教学实践中融入了微课，这种线上教育模式具有很大的优势，能够为学生营造良好的学习氛围，并节约学生的时间，提升学生的学习效率。

（二）高校体育教学中开展微课教学的可行性

1. 微课教学时间短，有助于反复学习

当前多媒体技术飞速发展，在计算机的辅助之下，即使计算机水平比较低的教师也能够比较轻松地完成视频的录制。在教学视频中，教师对学生体育练习中遇到的问题进行重点讲解，并且通过亲身示范来向学生展示关键动作，学生在学习微课程的时候，可以反复观看教学视频，达到掌握各种动作的目的。

此外，微课的教学视频通常很短，通常在 10 分钟以内，这使学生能够在课后的碎片时间随时随地观看学习。这为学生提供了巨大的学习便利，同时也有助于提高体育教学水平。目前，许多高校的体育教学存在着课时不足和课程设置不合理的问题，导致学生在学习体育知识和技能方面的时间非常有限，无法充分掌握教师在课堂上所传授的内容。而教学视频则有效地弥补了这些不足，为课堂体育教学提供了有力的补充。

2. 微课有助于明确体育教学内容

微课教学通常针对的是课堂教学中的重难点内容，学生在经过微课程学习之后，能够对重点知识形成系统的把握，也能够对学习中的难点有一定的了解，从而积极寻求教师的帮助。利用微课开展体育教学，能够在很大程度上提升课堂教学的针对性，这样一来，由于前期学生已经自主学习了相关的内容，教师在开展课堂教学时会更加顺利。与此同时，教师还可以根据学生的学习情况进行一定的补充与延伸，不断增强学生的体育学习效果，从而促进体育教学水平的提升。

体育教师在设计微课内容时，不仅要根据高校的教学要求，还要充分考虑学生的实际学习需求，不断优化教学计划与知识结构，以促进体育教学目标的顺利达成。

除此以外，由于微课教学充分利用了多媒体的优势，将文字、图片、音频、视频等资源有机地整合在一起，使体育教学内容更加直观、形象、生动，从而营造出良好的学习氛围，有助于增强学生对知识的理解与记忆。

3. 微课可以提高学生学习兴趣

大学生追求个性、敢于突破，对事物充满好奇心与新鲜感。微课是一种新兴的教学形式，对学生来说，具有非常强的吸引力。将微课应用于高校体育教学，能够为学生提供一种崭新的学习平台，增加学生之间的互动交流，使学生的学习更加高效与便捷，从而最大限度地激发学生的学习主动性与积极性。

在体育微课教学中，教学视频是最主要的教学媒介。教师围绕教学内容，精选合适的素材，制作教学课件，设计教学环节，并辅以必要的教学反思、教学评价和测试考核等要素，以创建综合内容的体育微课。这种教学方法具有内容充实和结构紧凑等多重优点，能够极大地激发学生的学习兴趣，从而推动体育教学质量不断提高。

除此以外，教师在运用微课教学时，还可以充分利用网络平台设置各种各样的互动活动，增加师生之间以及学生之间的交流，营造良好的教学氛围，构建和谐的师生关系，使学生在轻松、和谐的环境中开展各种学习活动。

与此同时，教师也可以在与学生的交流互动中了解学生的体育学习情况，并在此基础上对自己的教学计划与教学内容进行适当的调整，以促进体育教学质量的提升。由此可见，微课程应用于高校体育教学，不仅是必要的，而且是非常重要的。

三、高校体育微课教学模式的设计

（一）高校体育微课教学模式设计的流程

在设计微课的时候，需要对学生进行细致的分析，充分考虑学生的实际学习需求，对课堂的主题进行细化处理，根据需求合理地选择各种教学媒体和软件。设计好微课之后，可以在网络或者课堂上试用，根据试用的效果对微课内容进行优化调整，从而使其更加符合实际教学需求。微课设计主要包括以下方面的内容：

第一，明确微课学习目标。每一门课程都有其具体的教学目标，体育教学自然也不例外。体育微课的设计要根据教学目标要求对重难点进行合理设计。在此基础上，紧紧围绕教学目标对具体的教学过程进行设计。需要注意的是，学习目标的设定应当在充分考虑学生需求的基础上进行，这样才能使目标更加具有针对性。

第二，学生分析。如学生学习方面有何特点、学习方法怎样、学习习惯怎样、学习兴趣如何、学习成绩如何等，将学生的各种情况充分考虑在内，尽量使微课的设计具体到每一个细节，以满足学生的多元化需求。

第三，学习内容分析。在高校体育微课学习中，知识点是相对完整的学习内容，同时也是课程目标下最小的独立知识单元。每个概念或动作要点都可以视为一个相对独立而完整的知识点。这种精细的知识分解和练习设计有助于教师更好地了解学生的学习进展，帮助学生克服学习上的困难，并确保他们正确理解和掌握每个知识点。这不仅提高了学生的学习效果，还促进了体育微课的质量提升。

第四，选择学习策略。在进行体育微课设计时，要重视学生的主体地位，根据具体的学习内容及学生的实际需求选择适当的教学方法。这对于学生更好地掌握学习内容至关重要。

第五，课程资源开发。微课作为一种新兴的教学形式，具有非常强的开放性与互动性，因此其资源也不局限于传统的教材与课本，而是多元化的，因此对微课资源进行开发时，要充分利用互联网的优势，注重资源的多元化。

第六，学习活动设计。微课的时长虽然有限，但是其内容是完整的，因此微课也包括多个教学环节，每一教学活动的设计都要以学生的实际学习情况为前提，辅之以教师的指导，在各种学习活动中不断推动学生学习能力的提升。

第七，评价设计。微课教学评价主要是为了了解微课最终所实现的教学目标是否同预期一致。在进行评价设计时，要注意评价的多样性与全面性。

第八，系统反馈。微课在具体实施过程中的开展情况以及最终所实现的效果，都能够为微课的进一步调整与完善提供系统依据。

（二）高校体育微课教学模式设计的要求

在高校体育教学中应用微课教学模式，应当首先对其目标进行明确定位，并综合考虑多方面因素，才能使微课发挥应有的价值。在对高校体育微课进行设计的时候，应该遵循定向性原则，将体育学科的内涵作为中心，紧紧围绕体育课程的培养目标开展各项工作，重视教学内容的设置，尊重学生的主体地位，使体育微课真正适合学生的需求。

课程的设计往往需要根据学科教学大纲与教学计划来进行，体育微课作为一种微缩版的课程形式，其设计自然也不例外。微课具有非常强的开放性，并且具备良好的开发潜能，能够使学生在学习中获得更多的自主权，因此微课对于高校体育教学具有非常重要的意义。

第一，在对高校体育微课进行设计的时候，要将微课与课堂教学紧密结合在一起。通常来说，体育课中都会有体育常规，微课也应当重视与体育常规的结合。微课是一种针对性较强的课程形式，其中的教学内容涉及重点、难点或者是个别知识点的讲解，与体育教学结合在一起，能够使两者相辅相成，互为补充。同时，每一所高校都有其自身的办学特色，微课的设计应当充分与高校的体育办学特色结合在一起，打造具有特色的体育微课。微课的设计应当尊重学生的主体地位，重视学生主观能动性的发挥，并且充分结合学生的学习兴趣，向学生展现更丰富的学习内容，从而不断增强体育教学的效果。

第二，体育微课的设计必须将体育学科的定位作为指引，在对微课进行设计的时候，要对各种因素进行充分考虑，如高校对于体育课的定位、高校对于学生的培养目标等，否则，会导致微课失去其本身的价值。

第三，在对体育微课进行设计的时候，应当重视体育知识的筛选，将知识点的数量控制在合理的范围之内。微课作为一种新兴的教学形式，顺应了时代潮流与高校教学的需要，因此，体育微课的设计应当将满足实际的教学需求作为出发点。体育微课重在对体育教学中的重点、难点进行讲解，具有很强的针对性。但是，这并不是说，在微课中可以随意设置教学内容，而是要在教学内容保持完整与系统的前提下开展微课设计活动。

第四，体育微课的设计不应对一些现成的教学案例进行照搬，而是要重视微课内容的创新性，并且在微课中充分体现出体育教学重视学生身体锻炼的教学理念，使学生将体育知识的学习与体育锻炼充分结合在一起，最大限度地发挥体育微课教学的价值。

在对高校体育微课教学进行设计的时候，应当充分考虑三个方面的因素：①课程资源，即依据课程的教学目标向学生所呈现的具体的学习内容；②学习活动，即微课实施的教学过程以及学生所开展的各种学习活动，这方面主要是通过教学的各个环节体现出来的；③反馈评价，微课的反馈评价来自微课设计者、教师以及学生这三个方面所做出的综合性评价，缺少其中任何一方面，反馈评价的结果都不能作为最终的结果。

微课是一种新兴的教学资源，它的发展是建立在实际的教学需求之上的，尤其是它能够紧紧围绕体育教学的知识点展开教学，因此在体育课程中的应用体现出非常强的针对性。需要注意的是，体育微课的设计必须在保持这一学科教学内容完整性的前提下来进行，对于知识点的选择不仅应当重视数量，还应当注重质量，充分体现体育课程的系统性与完整性。

（三）高校体育微课教学模式设计的类型

高校体育教学具有其自身的特点，根据这一特点可以将高校体育微课划分为体育理论微课和体育实践微课两种类型。

1. 体育理论微课设计

体育教学活动既包括教师的教，也包括学生的学，是教与学有机统一的双向活动。在体育理论教学中，有三个对象的参与，即教师、学生与媒介，教师采用适当的教学方法，辅之以必要的教学媒介，使学生掌握体育理论知识，培养学生良好的体育学习能力与高尚的情操。体育理论的教学既要重视教师的教，也要重视学生的学，教师所开展的教学活动要有一定的目的性与计划性，并重视学生学习活动的反馈。此外，随着社会对人才的要求越来越高，体育理论微课教学也要跟随时代的步伐，不断创新教学内容与教学形式，以满足学生日益增长的学习需求。

2. 体育实践微课设计

体育教学具有其独特的特点，主要以体育实践课为主要教学内容，通常在室外进行。在体育实践课中，教师进行各种动作示范，而学生则观察并模仿学习。在这个过程中，只有具备高水平的教学和示范技能的教师才能有效地传授各种动作技能，并帮助学生掌握动作要领。然而，每位体育教师都有自己擅长和不擅长的领域，这导致体育教学存在一定的局限性。将微课应用于体育实践课教学可以有效解决这一问题。教师可以在微课中全面呈现各种体育知识和动作，使学生更直观地了解需要学习的内容。这种方法不仅可以激发学生的学习兴趣，还有助于提高体育实践课的教学质量。学生可以通过微课随时随地学习，弥补了传统课堂教学的不足，使学生更全面地掌握各种动作和知识。这有助于提高学生的综合体育素质，推动体育教育的进一步发展。将微课应用于体育实践课教学应当注意以下方面的内容：

（1）在选择教学内容的时候，要遵循从浅到深、从易到难的原则，如果遇到一些知识点或内容需要进行拆分或整合的时候，处理起来应当非常谨慎。

（2）应用微课的时候，应当充分体现学生的主体地位，注重激发学生的学习积极性与主动性。为了体现出学生的主体作用，教师需要充分考虑学生的实际情况，如学习水平、性格特点等，在此基础上设计出来的微课才能真正满足学生的学习需求，实现促进学生全面发展的目的。

（3）在设计微课的时候，教师要考虑两点：①微课是不是可以对学生的学习起到支持作用；②微课是不是可以帮学生完善知识体系。所以，体育微课的设计必须立足现实教学情况，根据高校教学目标以及自身办学特点，有针对性地选择体育项目，使学生既能学会，又能用到实践之中。

（4）兴趣是最好的教师，体育微课的设计应当选择能够激发学生兴趣的内容。只有学生产生了兴趣，才能够投入体育学习之中，真正将终身体育的思想融入自己的内心深处，做到活到老、学到老、练到老。

（5）在设计微课的时候，应当一切从学生的实际情况出发，将学生自主学习能力与互助学习能力的提升作为教学目标，并且将学生的兴趣特点与社会的需求考虑在内。还要求为学生提供更多的自由选择学习内容、学习时间、学习地点的机会，以促进学生学习效率的提升。

（四）高校体育微课教学模式设计的原则

1. 聚焦性原则

在进行微课设计的时候，应当重视知识点的选择，将目光聚焦在重难点或考点上，使微课所涵盖的知识点更具有针对性。就高校体育微课的设计来说，遵循聚焦性原则是非常重要的，教师应当注重在微课中融入运动技能的重难点分解、学生容易出现的失误等真正为学生所需的知识点。

2. 简明性原则

通常而言，人的注意力在 5 ~ 10 分钟的时间内是最为集中的，所以微课抓住了这一特点，力图在学生注意力最集中的时间里完成对知识的教学。因此，微课在知识点的选择上应当简明扼要，将重难点知识以及核心技术重点突出，以有效地吸引学生的注意力。

除此以外，语言的运用也要遵循简明性原则，力图用最简洁的语言将知识点呈现出来，增强学生的理解与记忆效果。就当前而言，高校学生普遍具备了运用互联网搜集资料的能力，加上之前已经具备了一定的运动基础，所以大多数学生能够很快地掌握一些比较基础的体育知识。所以，教师设计微课时应当充分考虑这一现状，力图使微课重点突出，简单明了，使学生能够更好地利用微课开展体育学习。

3. 适时分解原则

微课使用方便，不受时间、地点的限制。同时，微课容量小，一节微课中所涵盖的内容比较少，学完一节课所花费的时间也比较短。然而，这并不是说微课的设计是随意的，相反，微课同一般的课程一样，具有非常强的整体性与完整性，它强调对教学内容进行适时分解，以使学生更深刻、准确地理解教学内容。

（五）高校体育微课教学的视频设计制作

微课的主体部分是短小的视频，旨在对一个知识点的内容与方法进行突出的呈现，以达到促进学生掌握知识与技能的目的。

1. 制作标准

在制作微视频之前，需要做的是明确其具体风格，使整体风格与教学内容相适应。具体来说，微视频的风格包括画面的基本色调、整体画面布局以及字幕与配音等方面。

2. 内容选择

内容的选择是微视频制作至关重要的方面。在制作微视频之前，应当广泛搜集各种相关素材，从中选择最适合的内容加以运用。微视频内容的选择应当注意三个方面：①微视频内容要与学生的审美需求相一致，严格遵循课程内容要求，并且与教学内容的相关程度较高；②微视频内容要真正满足学生的实际学习需求，与学生的认知特点相符合，真正体现学生的主体地位；③微视频的内容应当具备较强的实用性，真正为教学活动服务。只有这样，微视频质量才会更高，也才能保障最终的微课质量，实现提升教学质量的目的。

3. 整合内容

在制作微视频时，制作者可对已经选定的教学资源划分目标等级，可分为 A、B、C、D、E、F 等级。其中，A 级是优秀，与教学目标及制作要求完全符合。B 级为良好，与教学目标及制作要求基本符合。其余等级依次类推。需要注意的是，如果教学资源充足，则尽量不要使用 D 级以下的素材。这样一来，微视频在质量上就有了保障，也能够更有效地推动教学目标的实现。

4. 模块划分

尽管微视频的时长相对较短，通常只有 5 ~ 10 分钟，但它在知识点的讲解方面依然可以提供详尽的信息。在有限的时间内，视频制作者需要深入挖掘和划分知识点模块，以确保视频内容的充实和有条理。这种精心设计的知识点分解和模块划分不仅有助于确保视频信息的准确性和深度，还为脚本的制作提供了极大的便利。这样，学生可以在短时间内有效地理解和吸收知识点，提高学习效率。微视频在有限的时间内提供了高质量的教育内容，这对学生学习和理解知识点非常有益。

5. 脚本制作

微视频的脚本有一定的顺序要求，它是教学内容与教学过程的具体表现，主要包括以下三个方面的内容：

（1）文字稿本编写。文字稿本是对文字制作意图的说明，目的在于让学生对微课教学内容与目标有一个全面的了解。对微课的具体开展形式采用文字的形式加以记录，并辅之以必要的解释，对于微视频制作是非常重要的。

（2）微视频脚本的整体制作。微视频脚本的整体制作包括的内容比较多，如微课的整体画面、运用的图形与文字、微课的展现方式等。微视频脚本的整体制作主要关注以下四个方面的内容；

第一，主界面。对视频中素材的大体蓝图进行勾勒，包括对材料进行整体的初步规划以及对材料的放置位置加以安排。

第二，对材料的位置顺序安排以及画面布局意图的解释。

第三，知识点与模块的编号。目的在于对教学的具体情况进行记录，以更好地进行知识点的查漏补缺。

第四，视频素材的类型。目的在于审查现有的资源是否足以支撑每一个知识点的呈现。

（3）详细脚本制作。微课详细脚本的制作应当注意两点：①动画说明和文字解说。动画说明是为了对动画之间或者素材之间的跳转关系进行说明，包括动画进入方式的说明以及键出方式的说明。文字解说是对微课中所讲解的内容进行的注解，旨在使微课制作者对脚本制作者的意图形成明确的把握；②知识点的编号。对知识点进行编号，并且与另外的表格对接在一起，以体现出微课制作的紧密性特点。

（六）高校体育微课教学模式设计的要点

第一，在设计微课的时候，应当坚持从学生的实际需求出发，使微课真正为学生服务。

第二，微课中的教学内容应当适量，通常选择一个要点作为主要的教学内容。

第三，微课的时长控制在 5 ~ 10 分钟，以有效吸引学生的注意力。

第四，微课的教学内容虽然比较少，但是在教学过程中也应当非常详尽。

第五，微课中的重点知识要进行重点描述，可以采用特殊标记的方式加以突出。

第六，微课的语言与字幕应当保持一致，给学生直观的视觉感受，使学生更容易理解与记忆。

第七，在微课教学中培养学生良好的学习习惯，使学生学会自主学习，提升自主学习能力。

第八，微课设计要博采众家之长，多元化地搜集学习资源。

在微课设计过程中，需要充分考虑各种因素，根据实际需求对微课内容进行适当调整，不断提升微课质量，使其更好地促进体育教学的开展。

（七）高校体育微课教学模式设计的评价

1. 体育微课评价的依据

根据高校体育教学要求，对体育微课进行评价应当遵循以下三个方面的原则：

（1）将"促进学生体育技能知识学习，优化教师体育教学"作为根本的目的。

（2）注重评价方式的多元化以及评价主体的多元互动。

（3）将评价在教学诊断及促进发展方面所具有的功能最大限度地发挥出来。

2. 体育微课评价的实施

高校体育微课评价主要包括三个方面：①对教学过程的评价；②对教学效果的评价；③对教学资源的评价。为了更好地实施评价，在教学过程中教师应当对教学情况进行记录。一般来说，教学效果的评价包括两部分，即定量评价与定性评价，在具体实施时，应当重视评价手段的选择。

第三节　高校体育混合式教学模式的创新应用

一、混合式教学的具体定位

（一）混合式教学重在激发学习兴趣

在混合式教学中，强调激发学生学习兴趣是至关重要的。这体现在教学材料的设计、教学活动的策划以及课后作业的安排中。混合式教学注重引入趣味性元素，以激发学生的学习兴趣，从而激发他们的自主学习动机。这种方式有助于学生更加主动地投入学习。

（二）混合式教学是线上线下的融合

单纯强调在线教学、网络教学的教学方式不能被称为混合式教学，因为混合式教学是在线教学的延伸与传统课堂教学的扩展，更是二者的有机结合体。在线教学与传统课堂教学都存在不可忽视的缺点，即前者容易导致师生互动交流的缺失，学生在遇到问题时无法及时向教师反馈并寻求帮助，教师也无法立刻知晓自己的教学效果；后者则以教师讲授为主，弱化了学生学习的主体地位，阻碍了学生自主学习、合作学习、探究学习的步伐。

在线学习的有效性在很大程度上依赖于学生的自律和信息处理能力。如果学生陷入在线环境的诱惑，浪费时间在游戏或其他非学习活动上，学习效果必然不佳。另外，如果学生缺乏必要的信息处理能力，可能无法按照教师的指导有效学习。

传统课堂教学受限于有限的教学资源，难以满足不同学生的多样化学习需求，导致知识传授的全面性有所不足。因此，在线教学和传统课堂教学各有其不足之处。最佳的教学效果是将二者结合起来，以弥补各自的缺点，发挥各自的优势。这种综合教学方法可以更好地满足学生的需求，提高教学的效果。

混合式教学之所以在教学实践中取得成功，就是因为其将在线教学与传统课堂教学相结合，充分发挥这两种教学方式的优势，这为教师提供了新的教学途径。概言之，混合式教学模式对学生更为关注，其在肯定教师作用的同时，鼓励学生自主探究学习，让学生主动完成意义的建构，形成更为健全的知识体系。

二、混合式教学模式的基本特征

（一）监督化学习

混合式教学主张对学生的学习进行监督，目的是更好地掌握学生的学习情况，从而为其提供针对性的教学辅助。所谓监督化学习，主要是依托学生在线学习的反馈数据，对这些数据加以分析，使学生的学习情况完整地呈现在教师面前。

教师也可以通过多种方式主动了解学生的学习情况，如批改学生的作业、查看学生的学习反馈、统计学生在线平台的相关讨论等。教师之所以要及时关注学生的学习进展，是因为假如学生尚未掌握现阶段的知识，就进入下一阶段知识的学习中，必然会导致两个阶段学习效果均不佳的后果，所以，教师必须确保学生已经掌握了现阶段的知识，才能依照计划开展接下来的教学。

除了以上获取学生学习情况的方式之外，学习跟踪系统与学生自我评价系统也是重要途径。一方面，教师可以通过学习跟踪系统对学生的学习情况进行统计，如根据学生对教学材料访问的次数推断学生对这部分教学内容的掌握程度，通过查看教学材料的具体用户了解不同学生的学习进度，等等。

自我评价系统不仅可以满足学生自我评价的需要，更对教师掌握学生的学习情况大有裨益，教师可以依据学生对自我学习成果的总结与反思，知晓学生学习目标的达成情况，从而对自己的教学行为加以调整。从这个角度来说，自我评价系统既让学生对自己的学习表现有一个客观评价，也反映出教师的教学成效，实现了对教师的监督。

（二）个性化学习

教学内容虽然具有一定的固定性，但是学生在掌握这些内容时的侧重点却存在差异，这是因为每个学生的学习需求是不同的，他们会采取不同的学习方式、学习方法朝着不同的方向前进。混合式教学以学生为中心，根据学生的需求为他们制定个性化的学习方案。在差异化的教学辅导下，学生收获的学习成果要比传统课堂教学丰硕得多。当学生某个阶段的学习目标达成之后，也将更有动力开展下一阶段的学习。

为学生制定个性化的学习方案并不意味着教师要事无巨细地照顾每个学生，教师只需要根据学生在网络教学平台上提交的个人学习薄弱环节，就可以为他们制定出有效的学习方案。对于学生已经掌握得很好的知识点，一带即过；对于学生感到有疑问或困惑的知识点，则进行深度讲解。如此一来，学生虽然没有得到教师一对一的辅导，但是却收获了相同的学习体验，获得了相同的学习效果。

（三）多方向混合式学习

1. 理论混合

由于教学活动的复杂性，教育界并不存在所谓的通用教学理论，因此，教师应当根据教学的实际情况采用多种不同的教学理论。

目前，教育领域广泛认可的教学理论包括行为主义、认知主义和建构主义。这些理论在教学效果方面具有积极的作用，各自有着明显的优势。

行为主义和认知主义理论在知识传授和学习过程中能够有效地促进学生对知识的学习、内化和吸收。这两种理论侧重于教师传授知识、强调学习目标设定和认知过程的控制。而建构主义理论在教与学之间的平衡方面表现出色，它强调学习是一个积极的过程，鼓励学生通过建构自己的理解和认识来学习。这一理论引导教师创造有利于学习发生的环境，促进整体教学目标的实现。

不同教学理论具有不同特点，对教学的促进作用也各有侧重。因此，教师应根据教学内容、教学目标和学生的学习情况，灵活运用各种教学理论。混合式教学鼓励将不同的教学理论有机结合，以最大化地发挥它们的作用。这种综合方法有助于更好地满足学生的需求，提高教学效果。

2. 方式混合

对于混合式教学而言，线上与线下混合即在线网络教学与传统课堂教学的结合是最表层的含义，这也意味着，只要是混合式教学，就都符合线上与线下混合这一特点。在以往的教学实践中，以互联网、多媒体等为媒介的线上教学与传统的课堂教学存在一道鸿沟，大多数教师仅仅以课堂讲授作为教学的重心，混合式教学则打破了线上与线下教学的界限，使两种看似迥然不同的教学方式融为一体。

其实，不论线上教学还是线下教学，其目标都是高效完成教学活动，让教学成为有效、有意义的事。混合式教学在教学实践中的应用绝不能流于形式，要真正地把教学各要素有机联系起来，如师生、家长、教学资源等，引导学生同时开展线上学习与线下学习，充分发挥互联网、多媒体等对传统课堂教学的促进作用，让学生在良好的氛围中习得知识、掌握技能。

3. 资源混合

（1）教学资源内容的混合。随着社会的发展，单一的技能型人才已经无法满足用人单位的需求，因而，综合型人才培养成为高校的重要任务。学生在学习的过程中，不能仅仅接受某一门学科知识，而是要广泛吸收多学科的内容，在混合式教学资源内容的推动下，形成系统条理且发散的知识体系，从而具备更强的社会竞争力。

（2）教学资源呈现方式的混合。教学资源是学生知识与技能学习的主要来源，在传统的课堂教学中，教学资源通常借助书本这一载体以文字的形式呈现出来。基于混合式教学，越来越多的依托互联网与多媒体的资源呈现方式衍生出来，学生完全可以在学习课本的基础上，借助新型的资源呈现方式加深对知识的理解。知识本身就是无处不在的，课本中、黑板上、网络里都能学习到知识，只有将传统的与新型的教学资源呈现方式混合起来，同时发挥二者的作用，才有利于学生对多种教学资源的综合利用。

（3）教学资源整体的优化与整合。在线学习资源与传统课本中的学习资源融合，使学生获得了庞大的学习资源库，使学生多样的学习需求能够得到满足。但与此同时，庞大的学习资源库中也产生了许多低质的内容，如同一知识点的重复讲解、同类知识点的分散讲解等，这样的资源并不利于学生的高效学习，也造成了不小的资源浪费。所以，教学资源必须在混合的基础上实现优化与整合。

三、基于微信的高校体育混合式教学模式
（一）基于微信的高校体育混合式教学模式的特征
1. 线下为主，线上为辅

在当前的高校体育教学中，学生在课上聆听教师对体育知识与技能的讲解，而在课下巩固时，大多只能依靠脑海中的记忆或者身体感受进行，能够用来参考

的复习资料很少，这约束了学生对体育技能的全方位把握。在基于微信的体育混合式教学中，学生可以借助在线教学平台查阅自己所需的学习材料，对已经掌握的知识大致浏览，而那些难度较大的知识则进行多次阅读并加以演练，这不但提升了学生课下巩固的效果，还使得其个性化学习需求得到满足。但是，体育毕竟是一门以实践课程为主的学科，学生切切实实地开展身体运动才是根本，线上教学只能作为线下教学的辅助手段存在，而绝不能替代线下教学。

2. 线上线下教学内容高度相关

线上与线下作为两种不同的教学手段，其目的是一致的，即促进体育教学的有效开展。在应用两种教学手段的过程中，线下教学始终处于主导地位。因此，无论线上教学的资源内容如何丰富、资源呈现形式如何精彩，在教学内容上，都应当与线下教学保持高度相关。体育教师可以在线上教学平台发布课前预习内容，也可以将课堂讲授中没有阐释清楚的知识点制作成教学视频上传至线上教学平台，帮助学生课后巩固与复习。

3. 线上线下教学优势互补

线上教学与线下教学各有利弊，基于微信的体育混合式教学要做的就是将二者的优势充分发挥出来，而尽可能规避其缺点。线上教学突破了学习的时空局限性，学生在图书馆、自习室、宿舍乃至家中都可以开展体育学习，并且能够接收到大量的学习信息。但由于学习环境的改变，学生的学习过程无法得到有效监督，集体学习的氛围也无法感受到，这也会在一定程度上影响学习成效。所以，基于微信的体育混合式教学要把线上线下教学的优势结合起来，从而切实提高体育教学的质量。

（二）基于微信的高校体育混合式教学模式的关键

第一，线上教学平台设计应简单易用。借助微信开展体育教学要注意教学平台设计的简单化与易用性。微信作为大学生必备的即时通信工具，本身就具有普及率高、易于操作等特点，体育教师只需将微信原有的功能稍加研究，就能开发出线上教学平台。例如，体育教师可以申请一个微信公众号，将教学材料放置于此让学生浏览与阅读；还可以建立微信班级群，在群内发布与体育教学有关的通知或者与学生就体育学习的问题展开讨论等。

第二，线上教学内容应仔细甄选。线上教学内容作为线下教学的补充，体育教师应当仔细甄选。在线下体育教学中，大多数学生都存在教学内容过于单一且十分枯燥的感觉，尤其是体育理论课的教学。为此，体育教师可以将一些体育竞赛、全民健身政策或者正能量的体育故事融入线上教学中，让学生在兴趣的推动下进行课前预习，并以极高的积极性投入课中学习与课后复习之中。

第三，线上教学应有组织性、纪律性。大学生对手机的依赖程度不断提高，在基于微信的体育混合式教学中，为了防止学生沉迷于网络，教师要引导学生形成自律的意识，并在此基础上，确立明确的课堂纪律，让学生在有组织、有纪律的环境中开展线上学习。

第四，线上教学交互通道畅通无阻。在传统体育教学中，师生之间的交互通道较为单一，而在线上教学的辅助下，师生之间的交互打破了时空限制，一名教师面对多名学生、一名教师面对一名学生、多名教师面对多名学生的情况均成为可能，这样的教学环境拉近了师生间的距离，改善了师生间的关系。在实际教学中，体育教师要努力维护各种交互通道，如学生线上留言、学生参与线上教学平台建设等，从而优化线上教学的效果。

之所以采用基于微信的体育混合式教学模式，是因为微信在大学生群体中的普及程度非常高，几乎每个大学生每天都多次使用微信，借助这个大学生广泛应用的通信软件开展体育教学，教学效果无疑将得到提高。在实施这一教学模式时，体育教师首先应当明确线上教学与线下教学的主次关系，在这个前提之下，选择与线下教学内容相关度高的线上教学内容，充分发挥二者的优势，促使学生在有组织、有纪律的环境下学习体育知识与技能。

在微信的辅助下，体育教学的实施有了更多可能，体育教师不再是教学的主导者，学生以学习主体的身份投入到体育学习之中，在自主学习意识的支配下，体育学习的成效有所提升，教师也有了更多时间与精力为学生准备拓展性教学素材。

四、基于 QQ 群的高校体育混合式教学模式

（一）QQ 群的交流方式

1. 群聊模式

聊天是 QQ 最基本的功能，同样，在 QQ 群中，不同成员间的沟通与交流也

是最基本的，他们可以就相同的话题展开讨论，也可以针对某件时事发表各自不同的看法。就这个角度而言，QQ 群就是一个多人聊天的场所，为了规范群聊秩序，每个 QQ 群都有相应的管理员，他们负责管理群聊的相关事务。另外，在加入 QQ 群时必须先申请，只有得到群主、群管理员的同意后才能进入该群。当然，作为群成员，也有自由退出群聊的权利。

2. 语音 / 视频交流模式

基于 QQ 群的语音 / 视频交流与普通的电话功能类似，都是借助通信设备与交际对象进行语音 / 视频沟通。

3. 远程协助模式

在广大的 QQ 群用户中，存在一部分对计算机操作并不娴熟的人，他们经常会遇到各种各样的问题，这时，远程协助功能就派上了用场。基于远程协助，QQ 用户可以控制身处异地的好友的计算机，二者共享同一桌面，许多一方解决不了的问题，在另一方的远程帮助下得到了处理。

QQ 群以其强大的便利性受到了广大用户的青睐，尽管其在诞生之初具有很强的娱乐性，但是随着其功能的完善，QQ 用户的数量激增，QQ 群的利用率也越来越高，将 QQ 群应用到教学领域也成为常态。

（二）基于 QQ 群的高校体育混合式教学模式的设计实施

1. 课前实施

体育课前，教师可以搜索与本节课教学内容相关的技术动作视频，根据学生的实际接受情况稍加调整，上传至 QQ 学习群内，并把预习任务告知学习小组的组长，让小组成员带着任务开展学习。若学生在观看教学视频的过程中产生疑问，可以通过群聊及时向教师求助，教师将一般性的问题加以解答，那些难度太大的问题则留到课堂上集中阐释。

2. 课中实施

体育课中，体育委员发挥带头作用，组织全班同学进行热身训练，与此同时，各小组长帮助教师把上课所需的器械道具放到相应位置。全班同学热身结束后，教师就本节课需要学习的内容向学生简单提问，考察他们课前自主学习的成果，然后，教师详细讲解教学内容，并亲身示范。在此基础上，全班同学以划分好的小组为单位，在小组长的带领下开展动作训练。教进行巡回指导，对动作错误的学生加以纠正。练习结束后，各小组进行比赛，对获得胜利的小组予以奖励，失败的小组则接受适量的体能加练惩罚。

3. 课后实施

体育课程结束后，教师要为学生布置相应的作业，以巩固学习成果，具体包括体能作业、技能作业与上课总结。完成作业的过程中，出现任何问题都可以通过 QQ 群与同学探讨或者直接向体育教师请教。

第四节　高校体育翻转课堂教学模式的创新应用

一、高校体育翻转课堂的教学形式

翻转课堂也可以叫作颠倒课堂、反转课堂。这里所说的"反转"主要是针对传统课堂教学而言的。翻转课堂是人们普遍接受的概念。不管是在国外还是国内，翻转课堂的定义始终在发生变化并不断完善，这也体现出教育教学研究者对翻转课堂研究的日渐深入。虽然人们对翻转课堂的概念还没有完全统一的界定，但是对翻转课堂内涵的分析研究从未停止。"开展高校体育翻转课堂的资源建设研究，对实施线上体育课程、加快体育精品课堂的建设、扩宽学生体育视野具有重要意义。"[①]

第一，翻转课堂就是一种教学形态，由教师创作教学视频，学生自己在课下观看视频，再在课上与教师进行交流，并完成教师布置的作业。此前，他们对于翻转课堂的表述大多基于其基本做法，比如学生晚上在家观看教学视频，第二天在教室完成作业，如果有问题就与同学讨论或者向教师求助。这种对翻转课堂的定义，主要是将翻转课堂教学与传统课堂教学相对比，由此突出其特征，帮助人们认识这一教学形式。

第二，翻转课堂是学生利用课前时间借助教师给出的教学资源，包括多媒体

---

① 李子敖，舒颜开 . 基于 ARCS 模型下高校体育翻转课堂的建设研究 [J]. 体育科技文献通报，2023，31（1）：170.

课件、视频材料等，自主完成课程的学习，然后再在课中与教师进行互动，一起阐释问题、探究问题，并且完成作业练习的一种教学模式。

第三，翻转课堂改变了直接教学的空间，即由群体空间转向个体空间，使群体学习空间变得更具动态性与交互性，从而促进学生在学习过程中充分发挥自身的创造性与主动性，积极参与学科学习。

上述三个关于翻转课堂的界定各有侧重，这些界定对翻转课堂内涵的描述主要着重于翻转的形式，说明当前对于翻转课堂的研究和实践主要还是聚焦于形式上的翻转课堂，对翻转课堂的本质研究还有待深入。

综上所述，翻转课堂将原来需要在课堂上完成的知识传授提前到课前，再将原来需要在课后完成的知识内化放到课堂中完成。至于翻转课堂的教学资源、教学信息技术以及具体的教学组织方式等，都不属于翻转课堂的原始要求，他们都是在翻转课堂实践发展的过程中延伸、演化出来的部分。翻转课堂的本质，是赋予学习者更多的自由，将传授知识的环节放在课前，是为了让学生自由选择适当的、舒适的学习方式；而将内化知识的环节放在课中，是为了让学生更多地、更有效地与教师及其他同学进行交流。

（一）翻转课堂教学的起源

1. 信息技术的发展

第三次科技革命推动了信息技术的发展。随着计算机技术的推广应用，世界各国的生产日趋自动化，科学技术、国防技术乃至管理手段都越来越现代化，同样，情报信息也在朝着自动化的方向发展。信息技术的变革辐射着人类社会的方方面面，其影响力巨大且深远，教育作为人类社会中的重要领域自然也会受到信息技术变革的影响。

信息化时代背景下，人们不得不重新审视原有的教育教学制度，重新设计教学模式，从而让现代信息技术在教育领域发挥重要作用。因此，现代教育的目标也发生了一定的改变与扩充，即要求学生能够具备获取信息、分析信息、处理信息、加工信息的能力，具备较好的信息素养。

信息技术在教育领域的渗透会极大地推动教育教学的变革进程，会在一定程度上改变教师的教学模式与学生的学习方式。这是一种必然的趋势，因此，我们必须及时更新教育理念，给予现代教育技术足够的重视，积极探索信息技术在教育领域的有效价值，充分利用信息技术的优势发展教育教学事业。

2. 教育形式的变化

教育形式的发展可以从学徒制说起，在工业革命出现之前人们大多以这种形式开展所谓的教育活动。学徒制主要采用现场教学，教学场景基本是真实的工作环境，教学对象往往具有个别性，大多发生在代际间，教学方式就是师傅口述、示范，学徒在师傅的指导下进行实践，学徒制教学模式下培养出了许多技艺高超的手艺人。

后来随着工业革命的兴起，工厂日渐规模化，社会对于劳动力的需求增加，同时对劳动力的知识技能要求也有所提高。换言之，人们迫切需要普及推广教育，扩大教育规模，提升教学效率，从而在短时间内获得更多的能够满足社会需求的劳动力。显然，学徒制不再符合时代发展的要求，于是班级授课制就产生了。班级授课制是以班级作为教学单位开展教学活动的形式，通常，教师都会根据设置好的课程时间表，向一些固定的学生讲授知识，这些知识往往也是统一的。班级授课制满足了工业革命的需求，其原因在于它具备一些不同于以往教育形式的特点与优势，而这些优势实际上一直在教育领域发挥着重要作用。

具体来看，班级授课制的特点主要有三点：①班级授课制具有系统性，它能在规定的教学时间内让学生学到大量知识，并且这些知识不是零散而是系统的，便于学生建立知识体系；②班级授课制采用"一对多"的教学模式，一个教师可以向多个学生授课，与学徒制相比，其教学效率得到了极大的提高；③班级授课制以"课"为标准，设置好的"课"决定着教师的教学进程与学生的学习要求，因此教师在进行教学管理时也只需以"课"为中心，统一学生的学习步调，因此相对较为高效。班级授课制符合工业革命在短期内需要大量人才的要求，其系统性、高效性是促进这一教育形式发展的重要优势。

随着计算机技术与信息技术的普及，人类社会再次有了突飞猛进的发展，信息化时代悄然降临。现代信息社会对人才的要求不断提高，要求人才具备一定的信息技术技能，还要具有应急处理能力。此外还要求具有一定的创新思维，勇于自主学习，具有探索精神，等等。与工业革命时期相比，信息革命再一次提高了对教育的要求。于是班级授课制的不足也显现了出来，人们必须开始探索新的教育形式。不管是工业革命还是信息革命，人们的思维观念都在这一次次的革命中受到了冲击，新的时代环境要求人们做出改变，终身教育与自主学习的理念逐渐为人们所推崇。终身教育要求人们终身学习，始终保持学习的热情；自主学习要求人们根据自己的需求和时代的发展，主动地、积极地开展学习，从而找到自己的价值。

通过梳理教育形式的发展变化可以看出，第一次教育革命发生在工业革命的浪潮下，教育形式从个别的、单一的学徒制转变为规模化的、系统的班级授课制。第二次教育革命则受到了信息革命的影响，教育形式开始逐渐由班级授课制转向更为丰富的终身教育、自主学习形式。时代的变迁、社会的发展影响着教育组织形式的变化，因此要想促进现代教育的良好发展，就必须把握时代脉搏，分析教育发展的现状，找准教育变革的出路。可见，教育变革正面临关键的转折，现代教育事业必须把握时机，积极变革。

3. 社会需求的推动

现代社会发展节奏快，要求人们能够快速地接受、理解新鲜事物，具备较强的学习能力，拥有较强的求知欲。在飞速发展的社会中，如果不能持续地学习、不断地完善自己，就很难适应时代的变化，人们应该顺应时代、紧跟时代，保持求知欲望，不断在新的时代背景下反思自己的生活。

在未来社会，高层次人才除了要具备专业知识技能之外，还需具备一定的学习能力、创新能力和发展潜力，并且还要具备自我个性。这就要求现代教育关注社会的需求与人才的培养，努力培养出满足时代需求的优秀人才。

（二）体育翻转课堂教学模式的特征

翻转课堂在许多方面都对传统课堂教学进行了革新，作为一种全新的教学模式，它具有一些颠覆传统课堂的突出特征，翻转课堂改变了传统的教学过程，对课堂时间进行重新规划与分配，在传授知识的方式方法上有所创新，促进了教师与学生角色的转变。

1. 转变师生角色

教学过程的颠倒、课堂时间的重新分配自然也影响着身处课堂之中的教师与学生，翻转课堂的特征之一就是师生角色的转变。在传统课堂教学中，教师几乎占据着"主角"位置，但是在翻转课堂中，学生成为课堂的中心。学生在学习过程中遇到问题可以向教师寻求帮助，教师主要负责为学生答疑解惑，提供及时的、具有一定针对性的指导，教师从以往的讲授者变成了学习资源的提供者，变成了学生学习过程中的引导者、帮助者。这也代表着课堂的中心不再是教师，而是学生。这种角色转变向教师提出了更高的要求，教师除了要具备讲授技能之外，还需要具备收集整理教学资源、录制教学视频、组织教学活动等技能。

与此同时，学生在这样的课堂上也需要充分调动自己的主动性，不能再被动地接受知识，而是要积极、主动地汲取知识、内化知识。学生成为课堂的中心，就意味着学生将成为知识意义的主动建构者，他们可以按照自己的学习节奏、学习步调选择合适的学习时间与学习内容，遇到较容易吸收掌握的知识可以适当加快学习速度，而遇到较复杂的内容可以放慢学习速度，反复观看教学视频，仔细探究学习。学生不能一味地等待教师给出答案，而是要通过自己的努力寻找答案。此外，师生角色的转换也有助于拉近师生关系，对营造良好的教学氛围有一定的益处，师生之间、生生之间可以交互协作，学生可以在丰富的教学活动中掌握知识。学生角色由"被动接受者"转变为"主动探究者"。

2. 创新教学方式

翻转课堂的一个重要特征就是对教学方式的创新，其中最具代表性的就是短小精悍的课程视频，教学视频是翻转课堂教学资源的集中体现。

翻转课堂中，学生可以通过短小但内容丰富的教学视频来接受知识，并且可以根据自己的需求暂停、回放、慢速播放视频，这有助于学生把握自己的学习节奏与学习进度，充分鼓励了学生的自主性发挥。在课前或者课下观看教学视频，也会让学生更加放松，在一个相对舒适的环境中学习，不需要神经过度紧绷，如果有不懂的地方还可以反复观看，强化记忆。在之后的复习巩固中，教学视频也发挥着重要的作用，学生可以通过回放功能反复学习，加深理解与记忆。

3. 颠覆教学过程

对传统教学过程的颠覆是翻转课堂最为突出的特征。一般来说，传统教学的过程是"教师讲授知识—学生完成作业"，这种教学过程把讲授知识的环节放在了课堂上，将内化知识的环节放在了课下，主要由学生自己完成。

翻转课堂的出现将这种教学过程彻底颠覆，它将讲授知识的环节置于课前，将内化知识的环节置于课中，将巩固反思的环节置于课后。具体来说，翻转课堂要求教师在课前就做好相应的教学准备，按照课程目标搜索、整理或自己制作教学视频，为学生提供充足的学习资源，这样可以让学生在课前就完成基础知识的学习，让教师在课前就完成教学讲授；在课中，学生可以在课前学习的基础上提出自己的问题与困惑，教师则能够及时地予以解答指导，并且，教师还可以组织学生进行小组讨论、合作学习，让学生在课堂上就完成知识的内化；课后，教师同样可以为学生提供有针对性的学习资源，帮助其补充知识，巩固记忆，鼓励学生积极进行学习反思。翻转课堂将传统教学过程完全颠倒了过来，并且对教学过程中各个环节的功能作用进行了重新定位。

4. 重新分配课堂时间

对课堂时间的重新分配是翻转课堂的重要特征，具体体现在对教师讲授时间的缩减以及对学生学习活动时间的增加上。在传统的课堂教学中，教师需要把大量的时间花费在知识的讲授上，学生只能被动地听讲。

翻转课堂则改变了这一局面，它为课堂互动、师生答疑、探究讨论等教学活动留出了大部分的时间，期望学生能够在相对真实的情境中完成知识的学习，并且能够学会交流与合作。由于翻转课堂将教师的讲授环节放在了课前，因此它既保证了教学内容的充足，也有效活跃了课堂氛围，提升了课堂互动性。这种对课堂时间的重新分配有助于加强学生对知识的内化，深化学生对学习内容的理解。并且课堂交互性的提升对之后教师开展教学评价也有一定的帮助，教师能够通过学生的互动表现了解学生的学习状况，学生也能在教师的评价中进行反思，更加主动地把握自己的学习。可以看出，翻转课堂从整体上提升了课堂时间的有效利用率。

二、体育教学中翻转课堂的教学路径

（一）重视学生的自主学习能力

自主学习强调的是学生独立学习和独立思考的能力。它有利于提高学生学习的主动性，有利于学生持续探索知识，更有利于学生的持续发展和终身学习。"翻转课堂是提升大学生学习成果的有效手段，在自我约束、批判性思维、合作学习、学习成果与投入等方面具有显著优势。"[①] 翻转课堂作为信息技术迅速发展的产

---

① 董江丽，周群，何志巍，等 . 运用"翻转课堂"教学法 推动教与学系统性改革 [J]. 中

物，它对学生的自主学习能力提出了更高的要求。可见，学生自主学习能力的培养在翻转课堂教学模式的实施中起着不可替代的作用。

自主学习能力的培养应该注意四个方面：①注重学习动机，抓住影响动机的因素，并对其进行干预，从而不断激活学生的学习动机；②注重学生元认知发展，采用多种手段发展学生的元认知，并促进学生在这一方面的发展；③重视学习策略的讲授，提高学生的认知能力，鼓励学生采用不同的认知策略；④注重学生环境利用能力及其培养，良好的学习环境有利于学生的学习和相应能力的提高，因此教师应该注重学生这一方面能力的培养。

首先，在体育课程教学中，教师应该意识到动机在学习中的重要性，并积极采取干预策略激活学生的内在动机，同时注重调动学生学习体育知识技能的积极性和主动性；其次，教师应该注重学生学习的策略，并采用不同的方式对其学习策略进行指导；最后，教师要注重学习方法和技巧的传授，同时鼓励学生对自己进行科学、合理的评价。具体到翻转课堂的实施中，教师应该注重学生学习体育知识技能的主动性，并采取多种方式调动学生学习的积极性。举例来说，教师可以将学生课前观看视频的时间和次数进行统计，并将统计结果融入期末成绩考核中；在课堂上通过提问、作业检查等方式来考查学生课前观看视频的情况，并将这一考查结果融入日常学习评价中；对没有按时完成课前观看视频任务的学生，教师也需要采取一定的措施，并对这类学生学习的进度进行及时监督。

总之，利用多种方式促进学生的主动学习，是翻转课堂教学模式实施的关键。因此，教师应该根据学生的实际学习情况及任务完成情况选择恰当的策略，从而促进学生的主动学习。

（二）提高教师自身能力和素养

教师在教育教学改革中的重要作用无法忽视，无论是体育教学改革还是其他领域的教育教学改革，都需要教师的积极参与和引领。翻转课堂作为一种创新的教学模式，同样需要教师的参与和引导。在翻转课堂教学中，教师的作用不可或缺。例如，翻转课堂模式中，教师需要制作课前教学视频，这要求他们具备技术操作和教学设计的能力。同时，他们还需要建设在线体育教育平台，为学生提供学习资源和互动环境。在课堂中，教师需要营造积极的教学氛围，组织和管理课堂教学过程，促进学生的合作和互动。此外，教师还需要进行课后教学评价，对学生的学习情况进行评估，从而不断优化教学。

翻转课堂模式对体育教师的要求更高。他们需要具备计算机操作能力、信息化教学能力、教学设计能力等多方面的综合素质。因此，在实施翻转课堂教学模式时，教师需要不断提升自身能力，不断更新知识和技能，以适应新的教学模式。此外，翻转课堂模式涉及的工作比较复杂，需要团队协同合作。因此，教师团队的建设十分重要。团队合作可以减轻单个教师的工作压力，促进经验共享和互补，提升教学效果。加强教学团队建设，将为翻转课堂模式的实施提供更加稳固的支持。

（三）营造高校信息化教学环境

随着网络技术、多媒体技术等信息技术的迅速发展，教育信息化已成为教育改革的必然趋势。在这一背景下，教育信息化改革推动了教育教学的现代化进程，尤其在高等院校的教育教学现代化建设中，融入信息技术成为重要的关注点。如何最大限度地利用信息技术，将教育信息化与教育教学现代化紧密结合，已成为当今教育改革的核心议题之一，也是教育者们研究的重要领域。翻转课堂作为信息技术发展的产物，充分利用了信息技术与教育技术，实现了多样资源的整合。

翻转课堂作为新型教学模式，强调多媒体技术和信息网络技术的应用，以及在线教育和教育技术的融入，这是它与传统教学模式的显著差异。因此，翻转课堂教学模式的有效实施依赖于信息化教学环境的支持。在当今信息化时代，以翻转课堂教学模式为代表的信息化教学受到了广泛的重视。作为影响信息化教学的关键因素之一，信息化教学环境也受到了越来越多的关注。只有持续不断地完善信息化教学环境，才能够保障信息化教学模式的顺利推进和实施。

第五章 基于学科核心素养的体育课程及路径优化

第一节 基于学科核心素养的体育课程设计思路

一、明确体育课程价值，使教学内容更具深度

所谓教学内容具有深度，通常是指教学中所使用的某种方法或者所涉及的知识、技能等纵向发展的程度。体育教师只有正确理解和把握教学时对内容掌握的深浅程度后，才能合理地为学生设计、安排课程教学内容。因此，体育教师需要站在整体的角度上，探明教学内容的价值，掌握教学内容的深度，有效提升教学的效果与效率。

（一）钻研体育教学教材

体育教学中任何一项教学内容中都包含多样的教育教学价值，如认知价值、体能发展价值、迁移价值、情感价值等。其中，认知价值是指学生在学习知识、技能以及方法时所掌握的能够提升学习成绩的能力；体能发展价值是指学生在学习体育技术与技能时能够有效促进自身身体的发展；迁移价值是指通过前一阶段的学习所获得的经验能够有利于后一阶段技能与技术的学习；情感价值则是学生在学习时所获得的思想态度、感情，以及树立的正确价值观念对学生所产生的积极影响。因此，体育教师在设计基于学科核心素养的体育课程内容时，需要从以下四点出发：

第一，对学生学会的知识、技能与需要新学习的知识之间的关联点进行明确。可采取旧知识串联新知识的方式设计教学内容，让旧知识为学生搭桥铺路，使旧知识中的价值得到充分发挥，如体育教师在教学持球突破动作技术时可以结合学生先前所学的体前变向换手运球动作。

第二，从体育教学的重难点内容出发展开教学活动。让学生借助以往获取的知识，以合作探究的方式学习新知识，以此达到学生掌握学习方法、提升学习能力以及发挥认知价值的教学目的，如让学生复习单手肩上投篮动作时，可以让学生先回顾以往学习篮球动作技能时所积累的经验，接着再指引学生通过合作探究的方式学习单手肩上投篮动作。

第三，寻找体育教学中所存在的激情点。在一定情境中为学生呈现出本堂课的教学内容，让学生不仅能够学习到相关的知识与技能，还能在学习的过程中获得积极的情感，进而达到培养学生健康行为意识以及提升体育品德的目的。

第四，明确如何利用教学内容提升学生体能。开展教学活动时要从学生全面发展的角度出发，合理地整合、设计、安排教学内容，使课堂中所呈现出来的教学内容能够达到提升学生体质的教学目的，如课程中通过开展短距离往返接力跑的课前预热活动，使学生的快速启动能力得到发展，并提升学生的身体灵敏度及协调性。

（二）分析体育课程标准

分析体育课程标准，明确课程教学要求，是基于明确体育课程教学内容整体价值，结合体育核心素养水平、学业质量水平以及课程内容标准，使为学生设计的课程教学内容具有鲜明着力点。例如，学生在接触篮球动作技能"持球突破"时，虽然该动作技能学生从未学习过，但在以往学习其他篮球技能时学生已经掌握了体前变向换手运球技术动作，并在学习该技术动作时学会了快速起动、降低身体重心以及跨步转身等技术要领，而"持球突破"动作相似于体前变向换手运球技术，因此教师可以在上课时先让学生复习体前变向换手运球技术，通过结合以往的学习内容学生便能进一步理解"持球突破"的技术要领，进而达到熟练掌握该动作技能的教学目的。在教学过程中，体育教师需要将教学的关键放在学生掌握与运用所学技术动作方面，因此"持球突破"教学内容设计的落脚点就是让学生能够有效掌握与运用该项技术，而该课程的着力点则是培养学生的体育品德与健康行为。

（三）了解学生实际情况

教学的开展需要建立在教师掌握本堂课学生学习情况基础之上，据此设计出下一堂课的教学内容，以此保证教学目标在学生完成学习后均能得到实现。

首先，需要在各种手段的帮助下掌握学生的实际学习情况。

其次，体育教师需要构想出实施体育课程教学的情景和学生完成动作技能学习的情景。

最后，结合学生的实际学习情况和教学内容中的逻辑顺序，有序地为学生安排教学内容，使教学内容间能够呈现出层次递进的纵向发展关系。

二、对教学内容进行处理，明确教学内容的高度

教学内容的高度一般指其中所蕴含的教育价值，它要求体育教师不仅关注学生能否熟练掌握所学习的知识技能，还要求体育教师重视学生通过体育课程的学习后健康行为、情感状态、道德品质等方面是否有所转变。

（一）对教学内容进行简单化处理

简单化处理教学内容是指在技战术教学过程中强化某部分环节，弱化其他不必要环节，使所教的技战术知识更容易为学生所接受。体育教师可以采用分批呈现或同时呈现的方式为学生展示简化后的教学内容，使学生不仅能够掌握动作技能，还能体会到学习所带来的乐趣。例如，在简化处理持球突破动作教学内容时，体育教师可以去除掉其中与加速运球突破相关的动作技能教学，将教学的重点放在为学生讲解跨步转身的分解动作上；减慢学生完成动作的节奏与速度，带领学生完成慢速蹬地的动作；等等。

（二）对教学内容进行游戏化处理

对教学内容进行游戏化处理需要建立在学生心理特点的基础上，对课堂教学中的合作与竞争要素进行强化，使课堂教学内容转变为学生最容易接受的形式。采用游戏化的方式开展课程教学，能够使学生的情绪调控能力和技能水平得到提升，为学生个体之间的交流合作提供机会，并培养学生公平竞争的意识与克服困难的能力。

例如，对篮球中的"原地单手肩上投篮"进行教学，当学生对该动作有了初步掌握时，教师可以组织学生以小组为单位进行投篮比赛，学生的内驱力在比赛的过程中得到调动，他们在比赛的过程中就会规范自己的技术动作；在该阶段则不适宜让学生完成较远距离且规定时间的比赛，因为学生在这种状态下比赛往往更倾向于快速投篮，更容易在投篮时出现错误的动作习惯，导致已经初步形成的

动力定型遭到破坏。

第二节　基于学科核心素养的体育校本课程开发

校本课程的开发，实际上是对国家课程进行针对性和差异化的补充，不同级别的体育课程管理部门，需要努力转变观念，从思想层面，对校本课程的开发给予高度重视。对高校而言，体育教师和学校领导者都需要强化体育课程意识。另外，还需要结合校内机构，博采众长，发挥这些主体在课程开发环节的创造性，让体育校本课程更具系统性、科学性和实用性，从而更好地培养学生的体育核心素养。

一、增强学校师生核心素养意识

校本课程的开发，是学校自身教育创新的成果。成功开发校本课程，一方面要增强学校领导者的领导素养，另一方面还需要增强体育教师在课程开发方面的专业能力。在开发体育校本课程时，必须针对学生的年龄特征、学生已具备的知识等进行深入分析。而且在具体开发过程中，还需要将学校、社会和家庭进行有机融合，积极引导学生、家长和教师以及社会诸多主体参与，共同构建体育课程。当然，想要实现这一点，还需要体育教师紧密结合日常教学，积极开展自主式、探究式学习活动，进而提升学生的自主研究和创新能力，从而显著提升他们的社会适应力。

二、与教学进度同步协调

开发校本课程，是当前学校革新的重要构成，学校需要结合自身情况，利用已有资源，最大限度地发挥资源优势和传统体育项目优势，使体育校本课程拥有学校自身特色。在教学环节，必须要紧密地联系生活和社会实际，以学生发展为核心，引导学生积极参与，让学生基于已有知识学习新知识、新技能，并能够在实践中灵活运用。

另外，体育教师要对现实生活和社会发展进行细致关注，以获取体育教学内容与社会、现实生活的交融点，进而编纂出与教材同步配套的系列校本课程。

三、优化校本课程的评估机制

体育校本课程的开发主体是各学校自身，因此不同学校校本课程内容会有相应的差异。这样，就很难用统一考试等评价方式来分析该校本课程的实效性。当然，体育校本课程的开发，最终目标是以人为本，实现学生的全面发展，增强他们的实践能力。所以，针对体育校本课程的评价，应该采用开发模式，除了要有具体的教育行政机关以及中介机构进行评价之外，还需要有基于学校自我激励的评估以及优化机制。另外，还需要积极引入课程专家、家长积极参与到课程评价中，从而更好地促进体育教学水平的提升，并完成相应的体育课程教学目标。

第三节　基于学科核心素养的体育课程路径优化

一、突出个体需要与社会需求的融合

大学体育教学的终极目的是培养大学生终身运动的习惯和核心素养，是实现个人全面发展的重要途径。体育课程从小学一直延续到大学，无论是课程形式还是内容，都以培养学生体育学习兴趣，促进学生全面发展，形成终身体育的意识为目标。因此，要使学生主动参与到学习过程中来，就必须把学分需求、意志品质需求、考试需求、健身需求、娱乐需求等社会需求有机结合起来，使学生经过长时间的体育锻炼，不仅能形成正确的体育锻炼与健康观念，增强自我保健意识，而且逐渐形成健康的行为习惯与生活方式。

二、提高核心素养，构建课程体系

体育课程体系的构建要以培养学生体育核心素养为根基。高校应抓住机遇，开设更多关于核心素养的课程，加强学生的身体素质训练意识和能力。大学体育课程的选择要以体育学科的知识理论作为基础，以培养学生的体育核心素养为目的，建立标准化的教学内容、教育目的、教学质量等全方位的课程体系。

三、注重体育课程思想素养的养成

现阶段高校体育课程正处在改革进程中，虽取得了显著成果，但教学实践中也凸显出一些问题，对此应坚持因地制宜、因材施教。

首先，教师应严格遵循教师为主导、学生为主体的教学原则，创新教学方式方法，灵活运用各种教学理念，结合学生的兴趣爱好和心理特点，采取寓教于乐的形式，使其掌握必备的知识及技能。上课期间教师应将课堂真正让位于学生，发挥学生的主观能动性，既要注重对课堂教学的改革，又要合理增加适宜的新内容，最大化地调动学生兴趣，提升体育教学实效。

其次，要重视体育课程思想素养的养成。体育课程应打破传统教学模式的弊端，基于学生身心健康和全面发展目标，结合教学实际情况，创新教学理念，有效推进体育课创新，挖掘体育课程价值，培养学生终身锻炼的方法和意识。其间，教师应合理发挥对学生的引导作用，根据不同的学生群体，合理使用分层教学法，选取适宜的体育训练方式，切实提高学生的自主性，逐渐培养其综合能力及素质。

最后，要加强监督管理和宣传。教师要结合各种体育教学形式及政策，规范推广宣传手段，利用传播媒介平台，采取线上线下方式，广泛推广和普及现代体育教育理念，使学生深化对体育学科的认知，正确认识和对待体育课程，积极参与体育训练，切实提高自身素质，拥有健康体魄和健全人格。

参考文献

[1] 李金钟 . 高校体育教学方法实施与创新研究 [J]. 体育视野，2021（04）：29.

[2] 荀盛龙 . 高校体育教学内容结构创新与实践研究 [J]. 食品研究与开发，2021，42（23）：251.

[3] 金成平 . 体育慕课现象的现实反思与未来展望 [J]. 成都体育学院学报，2016，42（04）：122.

[4] 邱伯聪 . 体育微课的质性、制作与建议 [J]. 教学与管理，2015（34）：57.

[5] 李子敖，舒颜开 . 基于 ARCS 模型下高校体育翻转课堂的建设研究 [J]. 体育科技文献通报，2023，31（1）：170.

[6] 董江丽，周群，何志巍，等 . 运用"翻转课堂"教学法 推动教与学系统性改革 [J]. 中国高等教育，2022（09）：56.

[7] 鹿耀辉 . 浅析篮球运动的功能 [J]. 灌篮，2021（36）：2.

[8] 孙微微 . 浅谈排球运动的特点以及发展趋势 [J]. 当代体育科技，2019，9（32）：241.

[9] 杨萍 . 排球运动发展与训练模式探析 [J]. 当代体育科技，2021，11（24）：45.

[10] 孟晓平，张志勇 . 基于学科核心素养的逆向体育课程设计 [J]. 课程・教材・教法，2021，41（2）：132–137.

[11] 赵富学，魏旭波，李莉 . 体育学科核心素养课程化现状检视及机制设计 [J]. 体育学刊，2019，26（4）：94–99.

[12] 李晓芸 . 体育学科核心素养学习目标描述模型的构建与应用 [J]. 现代中小学教育，2022，38（9）：68–71，94.

[13] 邵伟德，李红叶，齐静，等 . 体育学科核心素养与体育教学目标对接的方式、困境与策略 [J]. 体育学刊，2020，27（6）：90–96.

[14]赵富学,程传银,尚力沛.体育学科核心素养研究的问题及其破解之道[J].体育学刊,2019,26(6):88-93.

[15]赵富学,程传银.学生体育学科核心素养能力化的引领与培育[J].成都体育学院学报,2018,44(6):104-109.

[16]蒋红霞.我国体育课程改革中的学科核心素养探究[J].当代教育论坛,2018(5):111-119.

[17]冯晓念,王云,王汇军,等.动作发展:体育学科核心素养内容架构的新视角[J].体育学刊,2020,27(6):97-102.

[18]尚力沛,程传银.核心素养、体育核心素养与体育学科核心素养:概念、构成及关系[J].体育文化导刊,2017(10):130-134.

[19]赵富学,王云涛,汪明春.体育学科核心素养的研究进展及其启示[J].北京体育大学学报,2019,42(1):128-137.

[20]赵富学,程传银.体育学科核心素养的理论基础及结构要素研究[J].沈阳体育学院学报,2018,37(6):104-112.

[21]赵富学,程传银,储志东.体育学科核心素养研究的国际经验与启示[J].体育学刊,2019,26(1):89-100.

[22]袁鸿祥.体育学科核心素养的理性认识与实践路径[J].课程·教材·教法,2019,39(3):113-119.

[23]赵富学.体育学科核心素养的内涵及其生成维度[J].体育文化导刊,2019(6):53-57,87.

[24]尹志华,孙铭珠,孟涵,等.新时代核心素养导向体育课程改革的缘由、需求机理与推进策略[J].沈阳体育学院学报,2022,41(4):22-28,70.

[25]王德慧,李丽慧,龚坚,等.基于核心素养导向的体育校本课程开发研究[J].西南师范大学学报(自然科学版),2020,45(12):171-178.

[26]钱勇.核心素养背景下体育课程指导纲要发展方向——以浙江省为例[J].体育学刊,2018,25(1):93-97.

[27]杨文轩.课程改革背景下学校体育改革与发展研究[J].体育学刊,2018,25(5):1-4.

[28]邵伟德,何鲁伟,邹旭铝,等.核心素养融入体育课堂教学的逻辑与

策略——以 2022 年版课程标准为视角 [J]. 首都体育学院学报，2023，35（1）：10-20.

[29]孙铭珠，贾晨昱，尹志华. 体育与健康核心素养背景下的大概念要义阐释、提取路径与内容框架 [J]. 首都体育学院学报，2023，35（1）：21-31.

[30] 阎智力. 体育课程编制审视 [J]. 体育学刊，2023，30（3）：9-17.

[31] 刘芳丽，于素梅. 学校体育与健康融合课程的逻辑理路与实施策略 [J]. 体育学刊，2023，30（3）：92-98.

[32] 尚力沛，俞鹏飞，王厚雷，等. 论体育与健康课程中的跨学科学习 [J]. 上海体育学院学报，2022，46（11）：9-18.

[33] 周生旺，程传银. 具身化体育教学：落实体育课程标准的实践视角 [J]. 天津体育学院学报，2022，37（5）：504-510.

[34] 吴向宁. 高校体育课程思政建设的内涵、困境与推进策略 [J]. 首都体育学院学报，2022，34（4）：384-392.

[35]陈凤清. 指向健康生活素养的跨学科课程研究 [J]. 教学与管理（理论版），2022（4）：83-85.

[36] 贺新家. 我国普通高校体育课程改革的历史演进与展望 [J]. 体育文化导刊，2021（4）：85-91.

[37] 张磊. 以课程统整促进学生体育核心素养发展的策略选择 [J]. 体育学刊，2021，28（5）：77-82.

[38] 柯勇，左乐，黄博，等. 核心素养视域下体育课程目标与内容设计的关键策略分析 [J]. 天津体育学院学报，2020，35（2）：163-168.